몌별

몌별

황선유 수필집 세 번째

수필과비평사

작가의 말

세 번째 수필집을 내며

수필 쓴 지 여남은 해, 닿을 길도 멀고 돌아서기도 늦다. 나는 가슴에 쌓인 것들의 무게를 견디기 위해 글을 썼다. 부지런히 썼다. 두 권의 수필집 〈전잎을 다듬다〉, 〈은은한 것들의 습작〉. 쓰는 동안 내안의 나를 들여다보기도 하고 들여다본 것들을 지우기도 했다.

여전히 쓰지 못할 글자들은 심저에 콕 박혀 아프다. 누가 기슭 같은 내 이야기에 관심이나 둘까마는 그래도 나는 보통이처럼 안은 나의 생을 수필로 풀어 갈 것이다. 생은 매 순간이 메별이러니, 세 번째 수필집의 제목은 〈메별〉이라 지었다. 그만그만한 글들이 민망하다.

2020년, 코로나에 봄을 빼앗겼다.

▪ 차례

봄, 여수에 젖다

여름, 울음에 체하다

가을, 생이 이러하다

겨울, 사랑을 했다

봄, 여수에 젖다

바닥에 흩어진 꽃잎은 더 붉어 농적색이다. 동백은 벙글어 탱탱한 꽃보다 진 꽃이 더 붉다는 것을 알았다. 핏빛 차마 지우지 못하고 낙화로 오랫동안 저 혼자 붉어야만 했던 동백꽃 한 잎, 한참을 바라본다. 붉스레진 눈 안으로 그가 걸어온다. 동백꽃 같은 그리움으로 그를 부른다. 꽃 진 애잔함으로 그를 맞는다. —〈여수에 젖다〉에서

晩年
약간의 거리
여수에 젖다
이 사랑스러운
쑥을 캔다는 것
56년생이 86년생에게
손편지 쓰고 싶은 날
톡 톡 톡, secret talk
울적한 날에는 간절곶으로 간다

晩年

아무래도 식당 봉사는 그만두기로 한다. 도화지에 수채화 물감이 스미듯 일품이 몸에 밸 참이다. 뒤로 묶은 머리와 비닐 앞치마와 장딴지를 감싸는 고무장화가 친근할 무렵이다. 함께 일하는 동료들과의 조화가 흐뭇할 즈음이다. 이제는 부엌일이 몸 설지 않을 성도 싶다. 그럼에도 불구하고 별안간의 변덕은 스스로도 부끄럽다. 이런 변덕을 불러들인 연유는 더 부끄럽다. 나의 미성숙한 인간관계 때문이거나 그로 인해 야기될지도 모를 나중 일들에 대한 예방이라고 해 두자. 나이 듦으로 얻어진 이기라고 해도 괜찮다.

나이 듦을 숙년이라고도 한다. 적어도 나에게는 그 말이 맞지 않다는 것을. 나는 일찍이 성숙해 본 적이 없었고 앞으로도 성숙하지는 못할 것이 분명한 때문이다. 성숙한 척 위장하고 싶지도 않다. 옥죄었던 페르소나가 있다면 그것에서도 그만 자유롭고 싶다. 다다를 수 없는 숙년일 바에야 차라리 미성숙의 소용돌이에서 저만치 비켜나 정적으로 사는 것이 낫지 않겠는가. 나는 그저 평범한 만년晩年일 뿐이다. 백 세의 삶을 논하는 이즈음에는 섣부르다 할 수도 있겠으나 예순을 넘겼으니 어김없는 만년이다. 그리고 나는 이 말을 좋아한다. 만추晩秋, 만조晩潮, 만경晩景처럼. 만년은 나이와 상관없는 정적 몸놀림이며 마음 둠이다.

다른 일로 근방을 지나다 고향집에 들렀다. 기별 없는 방문이라 빈 집이다. 햇볕이 수직으로 내려 닿는 마당에 빗질 자국이 선명하다. 집을 지키는 장독대도 방문객이 낯설지가 않은 모양이다. 반기는 기척은 내 맘 탓인지. 수돗가에 쪼그리고 앉아 고무 다라이에 물을 받고는 손을 담갔다. 이 한적함 이 안연함. 잠깐 감았던 눈을 떴다. 울타리를 빙 두른 낮익은 감나무들의 연푸름, 얄랑얄랑 바람결에 이는 감잎들, 장독 뚜껑에 소보록한 감꽃들. 감꽃을 보고 있자니 '감똘개'라는 말이 떠올랐다. 아슴아슴한 말이다. 빈집에 그냥 다녀가기가 마음에 걸리기도 하여 친정 질녀에게 전화를 걸어서는 감똘개에 대하여 물었다. 그녀는 마치 어제 그리했던 일인 것처럼 떨어진 감꽃, 그 감똘개를 주워 담아 실에 꿰어서 목걸이를 만들었노라고 한다. 감똘개 몇 개를 집었다. 만년의 들목에 서서 잊고 있었던 또 하나의 유년을 목에 건다.

그날에, 애틋해하면서도 자주 보지 못하던 친구 K를 만났다. 우리는 유년을 동행했고 이제 만년을 동행할 것이다. 그녀에게 나는 빚쟁이다. 추억을 빚지고 우정을 빚지고 안부까지 빚졌다. 오래 벼르기만 하던 만남을, 마침 그녀가 요양병원의 친정엄마를 문안하는 그날로 잡은 것이다. 엄마는 바스러질 것만 같아서 한 번 안아보기조차 겁이 난다고 한다. 애초, 집안의 결혼식 날에 엄마의 장례를 치를 수가 없어 연명처치를 했던 것이 지금까지라고 했다. 휘익, 만년의 우울한 끝이 머릿속을 훑었다. 이어 또 한 친구의 이야기가 뒤를 잇는다. 친구의 할머니와 아버지와 엄마의 이야기이다. 어쩌다 끄집어내면 우릿하니 명치께가 아플 사연이다. 슬프고 쓸쓸한 만년의 이야기이다.

친구의 아버지는 평생 할머니에게 극진하였다. 속마음까지 그러랴마는 엄마는 뒷전. 아흔의 할머니는 일흔의 엄마보다 허리가 꼿꼿하고 몸이 날랬다. 그러그러하던 어느 해에 할머니가 낙상 사고로 수술을 받았는데, 정작으로 의사도 놀랄 만큼 할머니의 회복은 빨랐지만 와중에 엄마가 저세상 사람이 되고 만다. 며느리가 부재한 집으로 돌아온 할머니의 몸놀림은 전에보다 더 날래졌다. 부엌으로 고방으로 아버지 방으로. 의외 일이 일어났다. 아버지가 할머니를 보지 않는 것이다. 할머니라면 자다가도 벌떡 일어나던 아버지였다. 예전에 친정에서 자는 날이면, 아버지는 할머니 방에 가고 친구네는 엄마랑 자곤 하였는데 할머니 방에 가지 않는 아버지 때문에 거실에서 자야 했다. 왜 그러시냐는 딸에게 두어 번 뜸을 들이던 아버지는, 그러나 어조 명확했다.

"니 엄마보다 오래 살아서 니 할머니가 보기 싫다. 할머니가 죽고 나면 잘해줄라 했는데 죽어서 니 엄마 볼 낮이 없다."

더 놀라운 일은 그다음부터였다. 할머니가 곡기를 끊은 것이다. 아들의 외면이 할머니에게서 더 살아야 할 이유를 앗았으리라. 열흘 남짓 넘겼을까. 할머니도 저세상 사람이 되었다. 그 모든 일의 흐름에 아버지는 어떤 몸짓도 따로 하지 않았단다.

금방 부쳐낸 묵은지전이 맛나다. 한입 가득 넣은 채 남편에게 하는 말.

"나는 입맛이 너무 좋아서 나중에 죽고 싶어도 곡기를 끊지 못할까 봐 겁이 나."

"……."

가만있기가 그래서 쓴 만년의 한 날 풍경이다. 그서 봄이 이울고 있다.

약간의 거리

유년이었다. 흰 머릿수건을 쓴 엄마를 따라 모도록 나 있는 어린 배추며 상추며 고추를 솎던 일이 우련하다. 낫낫한 것들이 내 손에 아무 저항 없이 싹 뽑혀 나왔다. 어느 순 하나 나무랄 데 없이 옹글었건만 매정하게 솎아내야만 하는 일이 어린 마음에도 미안했을 것이다. 엄마는 눈에 띄게 성글어진 채마밭을 보고서야 마음이 놓인 듯 머릿수건을 벗었다. 배추며 상추며 고추는 잘 자라서 제 소용을 다하였다. 그들 사이에 약간의 거리를 두었기 때문이다.

숲은 간벌間伐을 하여야만 한다. 나무에도 약간의 거리

가 필요하다. 문실문실 커가는 가지들이 훅 숨을 내뿜을 만한 거리, 걸릴 것 없이 쭉 뿌리를 뻗을 너비, 햇볕이 오래 앉았다 가는 자리, 풍채 좋은 바람이 휘저으며 다니는 길, 지나가는 바람에 잎이라도 흔들어 볼 공간.

사람과 사람이 그렇다. 절대로 멀어지지 않을 약간의 거리를 두어야 한다. 가까이 이물없는 사이일수록 더욱더 그러하다. 바싹 붙어 부대끼면 생채기가 생긴다. 깊이 뒤얽힐수록 덧나기가 십상이다. 사연이 쌓일수록 그 무게에 짓눌러 헤어날 길을 잃는다. '한올지다'라는 고운 말이 흠질까 염려된다. 약간의 거리가 얼마나 엄청난 의미인지는 살다 보면 알 것이다.

옷매무새를 고치고 옯은 화장으로 마주하는 거리, 너무 지나치지 않는 배려의 흐뭇한 언어, 설핏 궂었던 감정들이 소멸되는 틈, 순한 궁금증이 밀려드는 여지, 달려오는 애틋함이 찰랑이는 공간 그 약간의 거리.

"눈이 예쁜 걸 보니 성형수술이 잘된 것 같네요."

오랜 지기랄 수도 있는 그녀의 말이다. 어어? 나는 뜨악

한 기분을 감출 수가 없었다. 혹여 서로 풋낯일지언정 '눈이 참 예쁘네요.' 대개의 사람은 그냥 그리 말하지 않는가. 자주는 아니나 그래도 적년누월을 함께 보아온 사이임에야.

"내 눈은 원본 그대로예요."

제법 보짱 배인 어투의 말을 던졌지만 말본새로 미루어 보아 곧이듣지도 않았으리라. 이 눈으로 말할 것 같으면 그나마 얼굴 똑바로 들고 사는 소심한 자존이거늘 이 무슨 근본 없는 훼방인가. 그녀와의 사이에 약간의 거리가 절실함을 느낀 순간이다.

가깝든 멀든 인간관계에서, 약간의 거리는 더 줄일 수 없는 최소한의 예의이다.

여수에 젖다

여수에 와서야 전에 여수에 와본 적이 있다는 걸 알았다. 무연히 푸른 바다를 보면서, 오동도의 동백나무 꽃 진 길을 걸으면서. 시간의 틈서리로 비집고 들어온 기억, 바다를 돌아 천공을 건너 우뚝 내 앞에 선 기억, 세월의 풍랑에 해져 살대만 남은 기억, 이생 아니라 저생까지 단단히 홀맺을 인연. 족히 한나절을 아른거리는 이름 앞에서 얼쑹얼쑹 뒤척이는 마음을 추스르고 얼렀다. 여수麗水에 와서 여수旅愁에 젖는다.

그때의 나는 스물을 반이나 넘었고, 그때의 그는 청춘의

긴 방황을 끝내고 제때 나이를 지난 대학생이었다. 그 방황의 끝을 기념함인지 다잡은 그의 인생을 응원함인지 한 겨울의 어느 날에 둘이 떠났던 여행, 오래 시외버스를 타고 도착한 곳이 여기 여수였다. 조용하고 아담한 도시였다. 둘러보아 지금의 풍경과는 사뭇 달랐다. 오동도로 가는 방파제는 길어서 외로웠고 동백, 동백꽃은 붉어서 처연했다. 쌔고 쌘 도시 중에서 왜 하필 여수였는지. 떠올릴 수 없는 그날의 이유가 혹여 동백꽃 때문은 아니었을까 가량해본다.

예나 지금이나 나는 철들지 않는 막내 고모이고 그는 너무 일찍 철이 들어 겉늙어버린 장조카이다. 우리는 한 집에서 태어났고 여름이면 도랑에서 멱을 감으며 함께 자랐다. 그에게는 아버지이고 나에게는 오라버니인 한 사람이 주는 돈으로 같은 도시에서 공부했고, 동시대의 비바람에 젖어 흔들리고 부대끼며 성장했다. 나는 바로 위의 언니와 다섯 살, 그는 바로 아래 여동생과 네 살 터울이지만 고모와 조카인 우리는 그보다 더 적은 세 살 나이 차였다. 그럼에도 우리에게는 두 세대 간의 본령과도 같은 엄연한 경계가 날 때부터 그어져, 매사 그 경계를 디디고서야 서로를 보아왔다. 짠한 시선이나 염려의 말들이 그 경계 앞에서는 두 손을 모으고 단정해졌다.

막내인 나는 별달리 진 짐 없이 가족이라는 동력으로 제 한 마음 추슬러 바로서기만 하면 되었지만, 그는 장손으로서의 은근하고 무직한 무형의 짐을 날 때부터 져야 했다. 누구도 쉬이 가늠하지 못했을 그 짐의 무게. 그 무게 때문에 어린 나이에 도시로 나가서 외로운 유학을 해야 했고, 그 짐이 버거워 청춘의 긴 방황을 하였으리라. 일찍이 삼촌들과 동행하여 선산을 둘러봐야 했고, 어른이 되어서는 처갓집이 어색한 고모부들의 말대접은 물론 하수를 상대로 맞수 장기까지 두어야 했다. 고부간인 내 엄마와 제 엄마 사이의 역사를 지켜보았을 것이며, 아무리 해도 마땅히 시누올케 사이인 내 언니들과 제 엄마와의 미묘함을 헤아려야 하는 마음은 매번 물 먹은 솜 같았으리라. 기어이는 내 아이에게 제 아이의 기저귀까지 쓰게 했다.

바닥에 흩어진 꽃잎은 더 붉어 농적색이다. 동백은 벙글어 탱탱한 꽃보다 진 꽃이 더 붉다는 것을 알았다. 핏빛 차마 지우지 못하고 낙화로 오랫동안 저 혼자 붉어야만 했던 동백꽃 한 잎, 한참을 바라본다. 붉스레진 눈 안으로 고등학생이었던 그가 걸어온다. 동백꽃 같은 그리움으로 그를 부른다. 꽃 진 애잔함으로 그를 맞는다.

어릴 때의 사고로 한쪽 눈을 다쳤던 그는 색깔 있는 안경을 쓰고 다녔다. 지금이야 그러려니 하지만 그 시절에는 주목이 되었다. 그렇게 사춘기를 견뎌내었다. 학교 선배들이 건방지다며 안경을 벗으라 했단다. 흠씬 두들겨 맞으면서도 끝내 안경은 벗지 않았노라고 했다. 그때 들었던 그 말을, 제 엄마에게는 당연하였거니와 누구에게도 하지 못했을 아픈 그 말을, 40년이 되도록 갚을 길 없는 부채처럼 내 가슴에 저며 있던 그 말을 바다에 던졌다. 너무 오래되어 바닥에 들러붙어 더께가 되어버린 그 말을, 오동도 방파제를 다 건너오기까지 박박 긁어 여수 바다 멀리 내던졌다. 이생의 무거운 빚 하나를 홀로 청산했다. 그리고 나는 그와 다녀갔던 이 도시를 사랑하기 시작했다. 시인처럼,

이 도시를 사랑할 수밖에 없음을 깨닫는다

네 얼굴을 닮아버린 해안은

세계를 통틀어 여기뿐이므로

—서효인 〈여수〉 부분

언제부터였는지, 그는 나에게 고향이 되었다.

이 사랑스러운

아무 낌새도 없었던 말이다. 행여 귀띔도 하지 못하던 말이다. 그저 입 꼭 다문 채 잠잠했던 말이다. 아들의 전화를 받기 전까지는 그 말이 이리 사랑스러울지를 몰랐다. 너무 사랑스러워 말이 품에 안기기도 한다는 걸 알았다. 헛손질일지언정 내 가슴을 안는다. 받아본 적 없는 장미꽃 한 아름을 받은 기분이다. 허락도 없이 입꼬리는 포물선을 긋는다. 얄궂달 만큼이나 달뜬 기분을 어르며 꽃무늬 고운 찻잔을 새로 꺼냈다. 알맞추 우러난 찻물을 따른다. 오늘따라 남편의 귀가가 늦다.

달포나 전에 아들 내외가 다녀갔다. 봄꽃 한 다발을 병에 담아 창가에 두고 떠났다. 주저하던 봄 햇살이 재발리 거실 안으로 들어오고 미적거리던 겨울 한기가 슬그머니 자취를 감추었다. 남편의 생일인지 내 생일인지. 아들 때문인지 꽃 때문인지. 종일 내 마음이 울렁였다. 먼저 말을 꺼낸 쪽은 며느리였다.

"내년에는 아기를 가질 계획입니다."

혼인하고 이태가 되도록 한 번도 말 꺼내지 않는 시부모의 마음을 마저 읽었음이리라. 이 아이는 늘 이렇게 고맙다. '세상에 며느리만큼 고마운 이름이 있을까.' 유학간 아들의 뒷바라지를 위해 낯선 나라로 떠나는 며느리를 두고 친구가 한 말이다. 나는 친구의 말에 진심으로 동의했다. 그날 식사 후의 광안리 해변에서 바닷바람에 내맡긴 초강초강한 며느리의 가는 목이 별나게 휑해 보였건만, 선뜻 내 목도리를 풀어주지 못한 것이 내내 마음에 걸렸다. 이제 생각하니 둔한 내 눈에도 어찌 좀 달리 보였던가. 그리고는 아들의 전화를 받은 것이다.

"엄마, 아사가 아기 가졌어요."

이 사랑스러운 말을.

아들은 누그러뜨리지 못한 달뜸을 고스란히 목소리에다 담아 전했다. 태몽을 꾸었는지 묻는 것도 내 귀에 그리 들렸다. 그런 내 아들에게 무량한 애정을 보낸다.

내 아들아, 네 첫아이의 태몽은 네 몫으로 남겨두마. 청룡이 여의주를 물고 승천하더라는 그런 시시한 태몽은 아니니 엄마는 가만있기로 한다. 대신 내 첫아들의 태몽을 말해 줄게. 어젯밤처럼 선연하고 흐뭇한 꿈이었다. 겨울 양지같이 찬연한 날, 끝도 없이 너른 복숭아밭에서 고르고 고른 복숭아 세 개를 따다가 치마폭에 담았지만 하도 커서 다 쌀 수가 없더구나. 다시 한참을 고르다가 그중 나은 것 하나만 두고는 나머지 두 개를 버렸단다. 내 아들아, 너는 셀 수 없는 복숭아 중에서 가장 크고 잘 익어 향훈이 짙은 하나였다. 말난 김에 할머니의 태몽도 말해 줄까. 꿈에 오이 세 개를 땄다는 할머니는, 내가 아들을 낳기 위해 딸 셋을 낳을 거라며 서운해하셨지. 그러신 할머니는 첫손자인 너에게 각별하셨다. 손수 배냇저고리를 지어 입히시고 입버릇처럼 할아버지를 빼닮았다고 그러셨어. 할머니가 주셨던 너의 초등학교 입학 선물을 기억할까. 막내고모의 안목이었겠지만 팔꿈치와 목 부분에 가죽을 덧댄 고급스러운 모직코트 말이다. 그 코트를 입고, 막내고모가 사준 노란색 도널드 덕이 새겨진 책가방을 멘 너의 모습 위로 찬란한 후광이 비치었단다. 누가 뭐라 그러든 말든.

그 무렵이었다. 서울 청담동에서 일곱 살 남자아이가 유괴된 사건이 있었어. 청담동이 부자동네라서 그랬다더구나. 엄마는 그만 심장이 툭 떨어지는 듯했다. 혹시라도 그 코트 때문에 내 아들이 부잣집 아이로 오인될까, 혼자 코트를 입혀 밖으로 내보내지 못했다. 그런데 네가 너무 빨리 커 버려서 기억컨대 그 코트를 입은 것은 서너 번이나 족히 되었을까. 그 코트는, 가슴팍에 초록색 리본을 단 네 동생의 입학식 사진에만 남아있구나. 너와는 다르게 느릿느릿 컸던 은사는 몇 해를 더 마디게 입었었지. 이제는 다 접혀서 안으로 들어간 옷 솔기의 시접 같은 옛날이야기이다. 여하튼.

말미에는 이 사랑스러운 말에 대처하는 몇몇 이야기를 적어보기로 한다. 남편은 대번에 며느리에게 얼마의 돈을 보내야겠다며 좋은 티를 드러냈다. 이런 예사가 예사롭지 않은 것은 이 남자야말로 돈에 관하여는 따로 시시비비가 필요 없는 도치기인 때문이다. 나는 혹여나 잔사설로 들릴까를 저어하면서 '뱃속 열 달이 출생 후 십 년의 가르침보다 중요하다.'는 태교신기※에 대하여 일러주며 시어머니로서의 기쁨과 염려를 대신했다. 나와 함께 다니면 오히려 동생이냐는 말을 듣곤 하는 친정언니가 별안간 곰방대 할머니로 변신한 듯 축하말보다 먼저 내 입단속을 시켰다. 예수쟁이한테 동티를 들먹였다.

"삼신할미 샘낼라 함부로 자랑하고 다니지 마라."

모름지기 그조차도 사랑스러움이다.

※ **태교신기**: 조선의 사주당 이씨 지음

쑥을 캔다는 것

어르신 모임인 소망대학의 주방도우미로 한 주일에 한 번씩 만나는 교우 몇몇과 쑥을 캐던 날. 자동차로 얼마를 간 곳은 산이 낮고 들이 너른 한가운데로 개울이 나 있다. 개울을 낀 버덩에는 무더기무더기 쑥이 우북하다. 쑥 캐는 일을 노동이랄 수는 없으니 알땀 걱정이야 안 하겠지만 한낮을 비껴간 햇볕 아래서는 쑥 캐기가 좀 낫다. 이미 습득되어 딱 배인 자세와 익숙한 저마다의 손놀림으로 캔 쑥이 어느새 수북하다. 이런 날 수북한 것은 쑥만이 아니다. 따로 담아둘 이유가 없으니 소드래 거리도 되지 못할 그저 구뜰한 된장찌개 같은, 자분자분 어진 수다가 함께 수북해져 간다. 여럿 간의 친밀이 별안간 수북해진다.

가물가물 희밋했던 유년의 기억이다. 늦봄이랄지 초여름이라 할지, 쑥이 한껏 웃자라서 캐는 게 아니라 뜯어야 할 즈음이다. 이때 뜯은 쑥은 바싹 말려두었다가 설 명절에 쑥떡을 만든다. 가마솥에다 말린 쑥을 삶으면 불어난 양도 냄새도 엄청났다. 빻은 쌀가루를 섞어 시루에 쪄낸다. 꼼꼼하게 시룻번을 둘러 붙이는 광경이 눈 안에 선하다. 쪄내어서는 다시 도구통에 넣어 물을 묻혀 돌려가며 차지게 떡방아를 찧는다. 미처 다 씻지 못해 떡 찌꺼기가 붙어 있던, 통나무로 깎은 절굿공이는 다 어디로 갔는지. 대청마루에 꺼내 놓은 크고 널따란 나무 떡판 위에서 쑥떡을 빚는다. 고소한 콩고물을 흩어가며 빚어낸 둥글둥글 넓적넓적 촌티 났던 쑥떡. 식을까 대강 손으로 주물럭거려 콩고물 듬뿍 묻힌 쑥떡의 온기가 입안을 가득 채웠던 기억이 어제만 같다.

그 소용의 쑥을 캐는 것을 '보쑥'이라 불렀다. 여기저기 찾아봐도 그 말의 정확한 쓰임과 명칭을 알 수 없으니 '보따리로 싸서 머리에 이고 올 만큼 캐는 쑥'이라서 그리 불렸던 거라 여기기로 한다. 보쑥을 캐는 날에는 마을과 멀리 떨어진 들이나 밭으로 나갔다. 산길을 걸어 이웃 동네로 원정을 가기도 한다. 해가 뉘엿해서야 꾹꾹 눌러 싼 한 보따리의 쑥 짐을 머리에 이고 집으로 오는 것이다.

언니들을 따라나섰던 한 날이다. 그날도 햇살이 좋았다. 그녀들은 쑥을 캐면서 행복해했다. 이야기가 동나면 노래를 불렀다. 쑥 캐다가 이야기하다가 노래 부르다가 까르르 웃다가 아무 거칠 것이 없어 보였다. 그러는 사이 쑥이 모이고 쌓였다. 나는 쑥보다는 할미꽃을 찾아다녔다. 할미꽃은 어인 일이지 무덤가에만 있었다. 그날의 풍경은 집에 돌아와 덕석에 쏟아 펴는 쑥 더미에서 축 늘어진 할미꽃을 골라내는 언니의 지청구조차도 그립다.

시누이의 시골 시집에 산초기름도 얻을 겸 봄나들이를 갔던 날이다. 남쪽 산자락 양지에는 이른 쑥이 자라고 있었다. 함께 간 시누이들과 시누이의 시어머니와 쑥을 캤다. 그 어른은 목소리보다 얼굴이 먼저 웃고 더 오래 웃었다. "은서 어마이." 하고 부르며 며느리의 친정 올케인 내 손을 꼭 잡았다. 나는 나의 시어머니가 내 손을 잡아준 기억이 있는지를 더듬었다. 그제쯤이면 꽃 시샘이 사라진 봄볕이, 엎드려 쑥을 캐는 모든 여인네의 살아낸 나이만큼이나 넓어진 등을 인정스럽게 데웠다. 얼굴을 마주하지 않아도 될 그렇고 그런 사람 사는 이야기에다 목소리만으로 서로 장단을 맞추며, 쑥 캐는 손놀림과 엇박자의 웃음소리는 마냥 평화로웠다. 고개를 들면 아지랑이가 그래, 아지랑이가 눈앞에서 아롱거렸다. 둘러보면 모두가 애써 예를 갖추어야만 할 관계들, 한때는 겨울 한데 같았던 관계들이다. 이만큼 등이 넓어질 나이가 되면 시집의 의미도 이렇게 오래 낯익은 쑥과도 같아지는가. 쑥을 캐다가 깨달은 고마운 안도였다.

함께 쑥을 캔다는 것은 서로의 경계를 없애는 일이다. 담을 허무는 일이다. 어떠한 방벽도 없는 무방비의 장소에서 무저항의 속수무책인 몸짓으로 맞닥뜨리는 일이다. 무장해제의 순간이다. 꾸밈없는 맨 얼굴로 대하는 일이다. 거짓 없는 음성으로 만나는 일이다. 순한 손놀림으로 마주하는 일이다. 봄은 동사라고 말한 시인이 있다. 쑥을 캔다는 것은 형용이 불가한 형용사이다.

손 안으로 부피감이 넉넉한 쑥을 씻어 건진다. 이 늡늡한 것들은 다시 또 착하디착하게 제 몸을 바꾸어 가리라. 쑥설기와 쑥절편으로. 쑥버무리, 쑥떡가래, 쑥송편, 쑥시루떡, 쑥인절미. 그만이랴. 쑥전, 쑥수제비, 쑥차까지. 도다리든 굴이든 선뜻 앞 이름을 내어준 쑥국으로, 한자漢字로 개명한 애탕국으로도. 어느 것 하나 나무랄 데 없는 기특한 변신이다.

56년생이 86년생에게

교보문고가 말 그대로 집에서 몇 발짝 거리에 있는 것은 내가 가진 몇몇 엄청스런 복 중의 하나이다. 밖으로 나가고는 싶으나 마땅히 갈 데를 정하지 못한 그런 날, 달리 할 일 없이 나작거리다가 소파에 앉은 채 깜빡 낮잠이나 들 그런 날, 찰기 없는 붓방아질에 지레 지쳐 얼른 컴퓨터 전원을 꺼버리는 그런 날에, 무슨 목적이 없으니 부산할 것도 달리 차릴 것도 없이 그냥 그곳에 간다. 한나절을 족히 보낸다. 간서치도 아닌 내가 그 시간 동안 어찌 책만 보고 있겠는가. 문고가 文庫만이 아닌 것을 그곳에서 알았던 것이다. 시계를 샀고 문구를 샀고 에코백도 샀고 커피도 마셨다. 아무렴 온갖 분야의 책들을 훑어보고 뒤적거려 보는 재미 같을까마는. 이 책들을 내 젊은 시절에 읽었어야 했다. 그랬다면 시방 내 글쓰기의 방향이 상당히 달라졌을 것을. 아쉽다.

책은, 아무래도 제목이 눈에 확 띄어야 하나보다. 《저도 남의 집 귀한 딸인데요》 한눈에도 장정이 허접하고 저자도 익명인 책의 가격이 만 삼천팔백 원이다. 어쩔 수 없이 비슷한 가격의 수필집들과 비교하고는 속이 좀 상했다. 글 쓰는 외로움과 고통을 혼자 감내하며 몇 년씩이나 쓴 글들을 엮어 책을 내는 수필가들을 떠올렸다. 버젓하게 서점에 내놓지도 못하고 인터넷으로만 판매되는 스필집들이 짠했다. 단지 내 며느리가 86년생이라는 이유만으로 책값을 지불하면서 내게 공짜로 책을 보내준 작가들에게 죄송했다.

책의 저자는 86년생 범띠 며느리이다. '아가'라 부르는 시어머니의 호칭이 언제부터인지 '악아惡兒'로 들리기 시작하여 아예 필명을 '악아'로 쓴다. 시집의 제삿날에는 '도대

체 나는 조상에게 뭘 그렇게 밉보였기에 남의 집 제사에 소환 당해 삼색 나물을 벗 삼아 밤을 새워야 하나. 굿이라도 한판 벌여 따지고' 싶다. 명절에는, 이틀 내내 설거지 독박을 쓰자 일당을 받지 못하면 노동청에 신고를 할 것만 같아 고무장갑을 벗어던지며 말한다. '엄마가 기다리셔서 친정에 가야 해요.' 그런 그녀가 책의 말미에 적은 글이 또 야무지다. '며느리의 감내가 잠시나마의 평화를 만들 수는 있으나 오래가지는 않는다. 언젠가는 곪아 터진다. 인내가 미덕인 시대는 호모 사피엔스 시대에 끝났다.'

그보다 전에는 베스트셀러인 《82년생 김지영》 소설을 읽고 영화도 관람했다. 소설을 읽으면서 김지영에 투사되었고 영화를 보면서 눈물을 흘릴 뻔했다. 그것은 56년생인 나의 이야기였다. 나는 82년생을 위해 아무것도 바꿔주지 않은 채 무지로만 산 것 같아 미안했다. 하기사 여느 56년생인들, 잔 다르크도 체 게바라도 김영란도 아닌 담에야.

여학교 때의 그 지리 선생님은 S대학 출신이라며 하도 잘난 척을 하여 별명이 '척순'이었다. "척 선생님." 하고 부르면 "어." 하고 대답했다. 아직도 나는, 맬서스 《인구론》에 대한 척 선생님의 명강의를 기억하고 있다. 피오르드 해안을 얼마나 생생하게 설명했던지 북유럽에 갔을 때는 마치 어제 지리 수업을 듣고 온 듯도 했다. 척 선생님은 우리의 미래에 대해서 척하며 점을 쳤다. "너희들은 베이비 붐 세대이다. 너희들의 신랑감은 전쟁 중에 다 죽었다. 너희 또래 남자들은 너희보다 서너 살 아래와 결혼한다. 그러니 못생긴 너희들은 시집가는 거 일찌감치 포기하고 직업을 가져야 한다. 교대, 사범대, 의대, 약대, 간호대만이 살 길이다." 얼굴까지 예쁜 부잣집 친구들은 비행기를 타고 서울을 오르내리다 음악대학도 가고 미술대학도 갔지만 나처럼 못생긴 친구들은 죄다 척 선생님의 주술에 걸렸었는지 모르겠다. 만나는 여학교 친구들이 교사, 약사, 간호사이니. 다행인지 다 시집은 갔다.

용케 서른을 안 넘기고 전쟁 중에도 안 죽고 살아남은 남자와 결혼했다. 두어 살 되었을까마는 어린 나이에도 전쟁을 치른 남자는 달랐다. 사는 게 전투였다. 전쟁은 본 적도 없이 햇살 따뜻한 남쪽에서 나고 자란 나는 애초에 전의 같은 걸 알지 못했다. 시집살이는 백전이면 백패였다. 제사는 안 지냈지만 명절날에 시어머니는 내 심장의 어름에다 칼금을 그었다. “장모 없는 처갓집에 가면 앉을 데 설 데도 없니라.” 심전도나 초음파에도 심장은 아무 탈이 없다면서 자주 가슴이 아픈 건 그 때문인 게지.

그즈음 56년생인 내가 잠을 아껴가며 일을 했던 으뜸의 이유는 아들들을 잘 키우는 것이었고, 대단한 철학도 세계관도 없는 내가 잘 키운다는 것은 곧 좋은 대학에 보내는 것이었다. 아들은 수능 전에 문과로 전향했는데 문제는 사회탐구였다. 나는 마땅히 고액 과외를 준비했고 아들은 기어이 과외비를 따지며 마다했다. “니 돈이가, 엄마 돈이다.” 언어, 수리, 외국어가 1등급이어도 사탐 4등급을 SKY라는 곳에서 안 받았다. 그 모든 게 운명인 게지. 깍쟁이 아들은 같은 대학에서 짝을 만난다.

86년생 며느리는 나의 명품이다. 내가 가진 몇몇 엄청스런 복 중의 또 하나이다. 밥벌이도 정해지지 않았던 내 아들에게 시집온 지 삼 년, 여전히 고맙다.

며칠째 세탁기 세제가 떨어져 빨래를 못 하고 있다. 마트에 가면 거짓말처럼 세제만 딱 빼고 산다. 오후 1시에 만나 한가한 점심을 먹자는 약속을 오전 11시로 알고 나갔다. 내 손에서 잘 놀던 다리미에 어쭙잖게 데고, 아끼던 캐시미어 스웨터를 어디다 두었는지 찾을 수가 없다. 당연한 낱말이 당최 떠오르지 않아서 그다음 대화를 잇지 못했다. 다 챙겨서 나설 참에 깜빡 다른 일에 빠져 강의를 잊어버리고는 전화를 받고서야 놀라 콜택시를 불렀던 적도 있다. 이제는 56년생이 그럴 나이다.

방금 전까지의 무탈함을 두리번거려 감사하고, 몇 발짝 거리의 교보문고에 들락거리며, 절창의 꿈이야 벌써 접었지만 그런저런 수필 한 편을 쓰면서, 그리 아프지도 고프지도 않을 일상을 누리고, 먹은 나잇살만큼 수굿하게 제값을 해내기 바라는 끝물 나이, 나는 56년생이다.

86년생 며느리에게, 행여 앙금 생길라 내 앞에서 참지 말거라. 이 좋은 세상에 남의 집 귀한 딸로 자라 뭘 참는단 말이냐. 소소한 모든 것은 내가 참으마. 이미 나는 참는 게 능구能久 같으니.

손편지 쓰고 싶은 날

미세먼지 소식이 연일이다. 마스크를 쓰고 거리를 걷는 것쯤이야 옛 풍경이다. 이제는 차 안이나 교실에서도 낯설지가 않단다. 어느새 인터넷에는 방독면을 쓴 사진이 올라와 있다. 이런 기막히고 얄궂은 날에는 집안에 가만있는 게 상책이려니.

골동 문갑 안에서 포장 끈으로 묶어 둔 서신 뭉치를 꺼냈다. 애당초 내다 버리자 작정했던 것들, 진작 잊히고 바랜 것들이다. 세월의 때를 누렇게 껴입은 종이들이 눅눅하다. 군내가 밉지 않다. 뜻밖에 잘 발효되어 농후한 차향

같기도, 해 질 녘 고향집 아궁이에서 군불을 지필 때의 냇내 같기도 하다. 순간 먼 데 박물관에서나 가짐직한 오래되고 낡은 것들에 대한 경외심이 생겼다. 그리하여 곧 사라질 것들에 대한 마지막 의식이라도 치르듯 그들 하나씩을 찬찬히 훑었다. 한 바가지의 마중물이 큰물을 끌어 올리듯, 한 개비의 성냥불이 온 방구들을 데우듯, 오래전 안부를 소환하는 손놀림에 파문이 인다.

– 지금은 밤 10시 50분, 여승들만 거하는 삼선암 암자에서 너를 떠올리며 글을 쓴다.

– 지난 금요일에는 Metropolitan Library에 가서 한국소설, 수필집을 배고픈 사람처럼 읽고 나니 머릿속이 그렇게 상큼할 수가 없더라. 공원 나무에서 후드득 떨어지는 사과를 보면서 널 생각했어.

– 니 얼굴 봐서 좋았다. 내가 남자 아닌 것이 얼마나 다행인지. 내가 남자였다면 니 인생 망쳤다.

– 친구야, 어제 고마웠다. 부지런한 네가 늘 좋은 자리를 마련한다. 숲도 푸르고 음식도 정겹고 우리 넷 아직 싱싱하고 사랑스러웠다.

– 집사님의 고운 사투리가 많이 생각납니다. 민들레김치를 잡숫고 싶으시면 영국 북동부 촌마을로 오십시오.

– 부장 권사님, 언제나 환한 미소로 반겨주셔서 감사합니다. 사랑하고 축복합니다.

– 선유 쌤의 수필이 드레에 향기를 몰고 왔답니다. 쌤의 문운이 활짝 열리길 기도합니다.

– 요즘 신경 쓸 일이 많아서 원장님의 염색주기가 짧아졌을 거라 생각되어요. 어제 USB파일을 정리하다가 사진 몇 장을 발견하여 두고 갑니다. 함께 일했던 때가 그립습니다.

– 두 번째 수필집이 도착한 날은 문학에 뜻을 두었던 꿈을 되짚어보는 하루였어요. 인연을 감사하며 세 번째 수필집을 기다리겠습니다.

– 사랑하는 이모, 37년째 이모께 받기만 하고 해 드린 게 없어서 죄송해요. 언제나 바쁘게 일하시고 글도 쓰시는 이모, 늘 존경하고 사랑합니다.

– 엄마, 파리에서 이 편지를 씁니다. 늦게 편지를 쓴 이유는 이제야 마음을 정했기 때문입니다. 여러 가지 복잡했는데 많은 생각을 하게 해 준 여행이었습니다. 제 걱정은 안 하셔도 될 것 같아요. 늘 감사하고 사랑합니다. 08. 8. 6. 아들 올림.

– 어머니께, 내일 5월 8일 목요일 어버이날인데 무엇으로 드

릴까요? 돈도 많이 없지만 드리겠습니다. 아빠 선물도 드려야 되니 한 개 드려도 감사히 받아주세요. 제가 엄마 없을 때 형님이 게임했는데 공부했다고 거짓말한 것을 용서해 주세요. 군것질도 많이 했는데 나이를 먹어 돈을 벌어 엄마 돈 필요할 때 군것질하지 말고 엄마에게 돈을 드릴게요. 다음에는 돈을 많이 벌어 반지 목걸이로 드리겠습니다 〈끝〉 1997년 5월 7일 수요일 어머니를 존경하는 작은아들 올림.

성가시다 소박했던 미세먼지가 속없는 엽렵함으로 내 손에 쥐여 준 소환이다. 세상 편한 자세로 퍼질러서, 콧등과 머리 위로 바삐 돋보기를 옮겨가면서, 머릿속이 휑하다가 가슴이 먹먹하다가 코끝이 찡하다가 눈가를 훔치다가 기이한 웃음소리를 아무도 안 들은 걸 천만다행으로 여기면서 그렇게, 한나절을 보냈다.

읽은 글들이 바닥에 쟁인다. 이미 그것들은 그냥 글들이 아니다. 지난날 사랑 받았던 흔적들이며 시공을 넘어 너울거리는 그리운 얼굴들이며 파스텔로 칠해진 기억의 풍경들이다. 별안간 오감이 생생해지면서 요 며칠 나를 괴롭히던 사나운 마음이 잠잠해짐을 느꼈다. 한 생이 반도

넘게 뭉텅 가버렸다 했던 헛헛함에도 온기가 돌았다. 이렇게 따뜻한 말을 종이에 적어 보내는 이들이 있었으므로 내 생이 그리 쓸쓸하지는 않았는지. 고요가 내 안에 오래 머물렀다.

이자처럼 불어난 추억을 가만 쓰다듬는다. 해묵은 그리움이 슬며시 나를 흔든다. 아짐찮은※ 마음이 가슴 끄트머리까지 스민다. 하나 둘…, 젖어 잠긴 목소리로 호명하여 한 바닥 가뜩 손편지라도 쓰고 싶은 날이다.

※ **아짐찮은**: 고맙기도 미안하기도

톡 톡 톡, secret talk

봄비 가늘게 내리는 날의 오후, 반나절 내린 비로 범어사 둘레길이 촉촉하다. 차창을 내리니 흠, 비 냄새인지. 뒤차에 쫓길 일 없이 천천히 차를 몰고 있다. 이차선인 이 길을 일방도로로 바꾼 것은 아무리 봐도 잘한 일이다. 쉬엄쉬엄 굽은 길 양옆으로 벗은 벚나무들이 나란하다. 해마다 벚꽃이 피면 어기지 않고 드라이브하는 길이다. 매양 꽃잎만 하르락하르락 흩날렸다 싶더니 새삼 벗은 나무가 눈에 들어온다. 굵은 몸피의 보굿이 물기에 다독거려져 얌전하다. 가는 비에 말끔히 씻긴 졸가리 사이로 하늘까지 씻겨

있다. 만상에 봄이 묻어온다. 꽃 맺을 날이 머잖다.

웬걸? 난데없는 뉴스 하나가 마구 분탕질을 해대니 오던 봄이 멈칫하다. 유명 연예인 몇몇이 저들끼리 주고받은 카카오톡으로 대한민국을 화나게 한 것이다. 저들에게는 일상이었을 문제의 talk들이 세상 밖으로 나오자마자 저들 도덕성의 한계를 멀찌감치 뛰어넘어 추잡한 범죄로 낙인되고야 만다. 저들과 친분 있는 연예인들이 자신에게 불똥이라도 튈세라 주고받았던 카카오톡의 내용을 지우느라 분주하다 하니, 이참에 나도 카톡방들을 돌아다녀 볼 일이다.

– 애초에 나는 왜 이 남자와 결혼을 했던가. 날마다 갈등하면서 왜 헤어지지를 못하는가. 이 원초적이고 우매하고 미결로 남기고 죽을 질문을 밤새 하다가 다시 찬란한 아침이다.

– 집안 살림 정리한다. 과감히 내다버릴 것 찾는 중. 하이고! 저 인간밖에 없네.

– 이제 보니 우리 아들 띨빵한 거 싹다 저 아부지 닮았다.

– 누가 날더러 남편이랑 꽃구경 가세요 물어서 우리 그런 사이 아닙니다 했다.

– 어젯밤에 화장실 가다가 웬 남자를 만났는데 자세히 보니 남편이더라.

– 명절 싫다. 괘씸하기 짝이 없는 것들.

– 유학까지 보냈는데 쥐꼬리만큼 번다네요. 지 알아서 살겠지요.

– 애들 돈 주지 마라. 계좌번호 손가락으로 누르는 순간 후회가 물밀듯이 밀려 오니라.

– 어느 분이 룻기 연속 설교를 듣는데 시간마다 며느리들은 시어머니한테 잘하라고 한다며 댓글을 달았다. 룻기는 그런 성경책이 아니다. 고부간의 갈등 해결을 위한 처방전이 아니란다.

– 우리 남편도 시어머니한테 잘해라 알았제? 하는 기분으로 룻기 듣는다.

– 룻기는 하나님의 헤세드에 관한 말씀이지 효도 교과서가 아니란다.

– 〈인간중독〉 영화나 보러 가자. ㅅ 허벅지만 봐도 영화값 제하고 남는단다.

– ㅎ에 또 빠졌다. 이 남성편력을 어쩌면 좋니? ㅈ, ㅇ, ㄱ. 나머지는 생각도 안 난다.

– 한 남자에만 꽂히면 안 된다. 자비를 베풀어야지. 어차피 그림으로 끝날 놈들인데.

– 나 연금 받았다. 날 덥제? 팥빙수 사 주고 싶은 내 맘은 끓는다.

– 지금까지 겸손하게 산다고 욕봤는데 인제부터는 자랑질 좀 하고 살거라.

– 우리 모두 지금까지 good. 계속 good이길. 친구가 good이면 덩달아 good.

– 원래 우리가 꽃 아니었니? 지금도 꽃이지 암.

– 마을버스다. 옆에 나이 든 남자가 앉아서 냄새날까 봐 숨을 참았는데 상큼한 비누냄새가 난다. 뜻밖이다. 우리 오늘도 뜻밖의 좋은 일 많이 있길!

– 새해에는 지난 일은 잊고 올 날을 미리 염려 말고 오늘 하루씩 따박따박 살자.

– 춘설이 난분분하여 춘분인가? 춘분에 설무라 ….

– 책 내고 속 다 드러내 보여서 심하게 몸살 앓고 있는 중.

– 내 이야기 다 해줄게 니 꺼 매치로 좀 써 주면 안 되겠나.

하굣길의 여학교 교문처럼 와글와글 talk들이 쏟아져 나온다. 그대여, 만상에 봄물 들어 꽃 맺을 날도 머잖은데 누가 본들. 지게미와 쌀겨로 살림 일궈낸 조강지처가 천

지개벽에도 안 내다버릴 남편한테 유세 좀 떨었기로 방송국에서 따로 불러 앉히기야 하겠는지. 명치 끝에 얹힌 자식, 끌탕을 참지 못해 언품 좀 낮췄기로 경찰서에서 오라가라야 할는지. 꽃답던 시절 다 보내고 손가락 뭉툭한 나이에 가까이에 없는 남자 좀 흠모하였기로 찌라시야 내돌릴는지. 그러거나 말거나 화풍난양에 강남제비가 씨를 물어다 주었다는 흥부네 박 터지는 소리 톡 톡 톡, secret talk이다.

울적한 날에는 간절곶으로 간다

마음 울적한 날에는 긴 해안길을 따라 간절곶으로 간다.

지구의 자전축이 기운 탓에 더 튀어나온 호미곶보다 먼저 해가 뜬다는 곳. 간절곶에 해가 떠야 한반도에 아침이 온단다. 간절히 원하면 이루어지는 곳이 맞긴 한가. 새해 벽두가 되면 아직 새벽 미명이 홰도 치기 전 절박한 심정들이 왁자하게 모여드는 곳. 미처 다 토해내지 못한 소망을 애달파 할 필요는 없다. 거기 기함할 만큼이나 몸집이 큰 소망우체통이 있으니. 멀리 배 떠나는 소리, 떠나는 배를 전송하는 파도 소리, 바다를 마주하고 선 등대는 홀로 아랑곳없다.

지아비를 그리다가 망부석이 되었다는 신라사람 박제상의 아내가 어인일인지 조선 복식을 하고는 거기 서 있다. 저기쯤에는 뜬금없다며 흉을 봤던 키 큰 풍차가 서 있다. 언제부터인지 둘의 존재가 심상찮다. 오래된 가요의 노랫말을 떠올리자니 사연까지 심장하다. 어느새 노랫말은 애절한 사랑의 서사시가 되어있다.

사랑도 했다 미워도 했다 그러나 말은 없었다
소낙비 사랑에는 마음껏 울고
미움이 서릴 때면 몸부림을 치면서
말없이 살아온 그 오랜 세월을 아! 돌지 않는 풍차여

—가요 〈돌지 않는 풍차〉

내 울적함과는 아무 인과 없는 그녀들을 만나도 간절곶으로 간다.

후드득 마지막 겨울비의 빗방울이 굵었던 날, 동해남부선과 일광의 아귀찜을 추억하는 L을 차에 태우고 간절곶으로 갔다. 그녀는 '빵 공방 AKI'라고 쓴 빵 봉지를 들고 왔다. 일산에서 부산으로 하룻밤을 보내기까지 품었던 빵 봉지이다. 일산에서 제일 맛난 팥빵이란다. 드물게 듬직한 팥소가 얇디얇은 낱 겹 빵피를 입고 있다. 그녀는 내 첫 수필집에 실린 〈화양연화〉를 들먹이며 자신의 화양연화는 함께 보냈던, 남편의 미국연수 시절이라고 했다. 그리고는 나의 화양연화가 언제였느냐고 묻는다. 나는 '지금'이라고 답하였고, 말하고 보니 정말 그런 것 같다. 그녀는 동해와 잇닿은 간절곶을 기억할 것이고, 나는 그녀가 품어왔던 팥빵을 잊지 않을 것이다.

대학을 졸업하고 첫 직장에서 만난 S는 그곳에서 삼십팔 년 동안 일했다. 그녀가 정년퇴직하고 다녀왔다는 스페인 산티아고 순례이야기를 들려준 것도 바람 불던 날에 여기 간절곶에서였다. 여태 결혼하지 않은 그녀의 온새미로 잔잔한 말씨와 언뜻언뜻 소녀티가 별나게 짠했던 그날은 바닷바람까지도 애써 거친 티를 참아주었다.

한 살 선배인 B는 열 살이나 선배처럼 넉넉했다. 우리는 사십 년 세월을 지인하며 서로의 질곡들을 지켜보았다. 하늘이 끄무레해서 금방이라도 비가 내릴 것 같았던 날, 약속도 없이 그녀를 불러낸 곳도 간절곶이었다. 하기사 어느 때 약속하고 불러낸 적이나 있었던가. 이제 막 밥상을 물리고 잠시 차 한 잔으로 하루를 미루어볼 아침나절이었던, 금방 귀가할 가족들의 식탁을 차릴 저녁이었던, 하물며 어둠이 이슥한 시간이었던, 순전히 내 기분을 따라 불시에 불러내도 미리 약속이나 한 것처럼 지체하지 않았다. 시답잖은 나는 매번 시답잖은 이야기들을 쏟았고 넉넉한 그녀는 잠잠히 내 말을 담았다. 그건 나에게 빚이다. 대갚음해야 할 빚이다. 조그만 체구의 그녀 가슴에 오만가지 먹먹한 이야기들이 켜켜이 쟁여있음을 나는 안다. 그럼에도 딱 한 번, 혼기 꽉 찬 딸의 흔치 않은 수술을 앞두고서만 그 아린 속을 드러내보였지. 지극히 담담한 목소리로,

"내가 무슨 큰 욕심을 부렸다고 ……."

까닭 없이도 괜하게 마음 울적한 날에는 간절곶으로 간다.

땅거미가 슬 무렵도 좋았고 동살이 잡히는 이른 아침도 괜찮았다. 긴 광안대교를 건너고 장산과 송정터널을 빠져

나오면 바다다. 차창을 내리자 갯내 싹 가신 바닷바람이 길 안내를 한다. 이제부터는 죽 해안길이다. 기장, 대변, 죽성, 일광, 임랑, 월내 그리고 서생. 저만치 등대가 보이니 간절곶이다.

그곳은 여느 바다와 다르고 여느 바람과 다르고 여느 등대와 달랐다. 섣부른 말일지언정 유심有心함을 느낀다. 누가 재우친 적도 없건만 매양 허덕이던 일상을 떠나 잠시 고요를 만나는 곳. 아무에게도 내보이기 싫은 혼자만의 아픈 찌꺼기를 흔들어 씻어도 보는 곳. 무어 남길 족적 없는 무명한 삶을 위로받는 곳. 매사 반듯한 감정들이 남은 삶을 온전하게 지탱하여 안심시켜 주기를 소망하는 곳. 그새 손가락 깍지 사이로 새어 나간 추억들을 다시 걸러 모으는 곳.

거기 언덕 중턱에 오래된 건물의 이층 카페가 바다를 내려다보고 있다. 그날에, 긴 여행에서 기별 없이 들렀던 그는 그 카페에서 에스프레소를 마셨다. 찻잔을 들고 고개를 숙인 그의 등 뒤로 의자 커버가 붉게 타고 있었다. 그는 다시 여행을 떠났지만 그 구석자리 붉은 덮개의 의자는 아직도 그대로인지. 의자가 있음직한 곳의 이층 창을 할긋 본다.

: 간절곶에 박제상의 아내는 이제 없다. 이동 홍보관에 물으니 복식의 이유로 없앴다고 한다. 글 때문은 아니겠지만 발표한 이후라 좀 미안했다.

여름, 울음에 체하다

번번이 매몰찬 생 하나를 살아내야만 하는 일이 얽히고설킨 실타래만 같아 외로울 때는 이렇게 범람이 되도록 울어도 볼 일이다. 날마다 예방하듯 조금씩 울어 둘 수는 없으니 말이다. —〈울음에 체하다〉에서

빈 노트

영화 <패터슨>은 뉴저지의 작은 도시 '패터슨'의 버스기사인 '패터슨'의 일주일을 담았다. 감독 '짐 자무쉬'는 <천국보다 낯선>으로 그 이름을 아는 정도다. 패터슨의 하루하루는 단순하다. 아무 특별할 것 없이 담담한 그의 일상이 특별한 것은 그가 시를 읊기 때문이다. 일상이 시가 되어가는 잔잔한 울림 때문이다.

–월요일

옛날 사진, 낡은 시계, 낡은 의자. 그는 오하이오 블루칩 성냥을 만지작거리며 우유에 탄 시리얼을 먹고는, 잠이 덜 깬 아내의 꿈 이야기를 뒤로한 채 집을 나선다. 페인트칠이 벗겨진 건물들을 지나며 시를 읊는다.

우리 집에는 성냥이 많다
언제나 손닿는 곳에 있다

버스에 올라탄 그는 작은 수첩을 꺼낸다. 걸으면서 읊었던 시를 메모한다. 늘 다니는 거리를 운행한다. 승객들이 나누는 이야기가 들려온다. 퇴근 후에는 애완견 마빈과 함께 산책을 하고 근처의 바에서 맥주 한잔을 마신다. 집으로 돌아와서는 지하 서재에서 하루의 시를 마무리한다.

여기 세상에서 가장 아름다운 성냥이 있어요
오하이오 블루칩 성냥
4센티미터 매끈한 소나무 가지는
오래도록 불꽃으로 타오를 준비를 하고
사랑하는 여인의 담배에 불을 붙여줄지 몰라요

–화요일

잠이 덜 깬 아내에게 아름답다고 속삭이며 키스한다. 어제와 다른 것은 아내의 꿈 이야기이다. 어제는 컵케이크를 만들어 돈을 버는 이야기였고, 오늘은 고대 페르시아에서 은색 코끼리를 타는 그가 아름다웠다는 꿈 이야기이다. 여전히 칠이 벗겨진 건물들을 지나 출근하고 읊은 시를 비밀노트에 메모한다.

난생처음이자 다시없을 불꽃으로
그 불꽃은 당신이 내게 주었다오
난 담배이고 당신은 성냥으로
또는 나는 성냥으로 당신은 담배가 되어
키스로 타올라 천국을 향해 날아오르리

–수요일

기타를 배워서 가수가 되겠다는 아내의 새로운 꿈 이야기를 들으며 언제나처럼 도시락 통을 챙겨서 집을 나선다. 오늘도 그의 아내는 말한다. "당신은 훌륭한 시인이야. 당신의 시를 세상에 내보여요. 비밀노트에만 두지 말고 당장 복사해 두어요."라고.

—목요일

퇴근길에 만난 소녀에게 처음으로 자신을 시인이라고 소개한다.

—금요일

그가 운행하는 버스에 엔진 고장이 난다.

—토요일

애완견 마빈이 시를 메모한 그의 비밀노트를 갈기갈기 물어뜯는다.

—일요일

비밀노트가 없어진 그는, 쓴 시를 잃었음에 절망하며 자주 가는 공원 의자에 앉아있다. 한 남자가 다가와 앉는다. 일본인 시인이다. 남자는 자신이 흠모하는 시인이 태어난 이 도시를 방문했다 한다. 패터슨에서 태어난 시인의 시집 제목도 《패터슨》이다. 그가 남자에게 말한다.

"나는 시를 잃어버렸어요."

일본인 시인이 그에게 빈 노트를 건네며 말한다.

"때론 텅 빈 페이지가 가장 많은 가능성을 담을 수 있죠."

오늘 문득 나는, 나의 일상을 짚어본다. 덤덤한 나의 일상. 미완과 안온의 엉거주춤으로 무뎌가는 일상. 잡동사니 습관들이 군살처럼 불어가고, 따로 떼어 옮길 만한 이야깃거리조차 옹색하며, 겨울 다 보낸 동치미처럼 밍밍하여, 영화 속 패터슨의 하루보다 더 맹숭맹숭한 나의 일상을 굽어본다. 한 번도 반색하여 반긴 적이 없으며, 등 다독거려 추어올린 적도 없이, 팽이채처럼 노상 채근만 하던 나의 일상. 더운밥 한 끼 좋이 먹인 적 없어, 누구도 준 적 없는 눈칫밥으로 저 혼자 궁기 서린 짠한 나의 일상을 쓸어본다.

오늘 문득 패터슨처럼, 쓸어 담다 보면 반반할지 모를, 어쩌면 시가 되고 어쩌면 글이 될지 모를, 또 어쩌다 절창이 될 뻔도 할 나의 일상을 만지작거린다. 손이 더워진다. 얼른 빈 노트를 장만한다. 영화 속 시인이 일러준 대로 텅 빈 페이지에 담을 가능성을 고른다.

수필 소고

초여름의 날은 더디 저물었다. 거기가 마산의 바닷가 어디쯤이다. 제법 둔덕진 곳에 반듯하게 지어진 카페 건물의 뜰에 서니 눈 아래, 해송 사이로 보이는 바다를 배경 삼아 잘 지은 전원주택이 있다. 반바지 차림의 남자가 긴 호스로 정원의 나무에 물을 뿌린다. 그날의 모임을 주최한 L은 그 남자가 내과의사이며 지인이라고 했다.

카페는 안도 바깥도 흡족했다. 주방 벽 칸칸에 정갈하게 얹힌 커피 잔들에 눈이 간다. 나는 바리스타에게 백 년이나 되었을 것 같은 잔을 가리키며 그 잔에 에스프레소 커피를 담아 주기를 청했다. 신맛은 쓴맛을 압도하고 단맛은 신맛을 포옹하던, 그날 모임이 그 에스프레소 커피만 같았기를.

모임에 불러주다니 내내 멋쩍기만 합니다. 그대에게 수필을 어찌 말할까 가슴을 두근거려요. 소소하기만 한 내 글이 흡선은 꿈도 안 꾸지만 누구의 심금 한 번 두드려보기나 할는지요. 아, 수필집을 받고 한눈에 밤새 읽었다는 한 사람을 잊지 않고 있습니다. 그런 전언이야말로 내 어깨를 힘주어 토닥이곤 하죠. 미리 말하지만 나의 사유는 달리 내세울 만한 체계가 못됩니다. 규모라도 갖춰볼까 노심하지만 매번 덜 절여진 과실처럼 웃돌아서 여들없기만 하죠. 그러니 그냥 '수필 소고小考'라 하겠어요. 소고의 사전적 의미가 '체계를 세우지 아니한 단편적인 고찰'이라 하니 나에게 마침하군요.

수필은 누구나 쓸 수 있지만 누구나 다 쓰는 글은 아닙니다. 끊임없는 사유와 언어와의 싸움을 견뎌야만 하죠. 고단한 삶의 날숨이고 자아와 타아가 쓸친 상처의 치유이며 두루마리처럼 말아 두었던 존재의 펼침입니다. 누군가는 수필 쓰는 일을 두고 '고상한 척'이라 내몰더이다. 서운하기가 그만한 탓말이군요. 아무리 내 하는 짓이 꿇아 보아 탐탁잖다 하여도 그렇게 뜸베질하듯 내받지 말기를. 나도 푹 우므러져 어웅한 에고ego를 채우고 메울 한 가지쯤은 있어야지 않겠는지요. 고상한 척하기에 글쓰기는 무척이나 고통스러운 일입니다. 그저 그 고통에 품위를 부여하는 작업이라는 게 위안이라면 그럴는지요.

수필은 살아온 날들에 대한 예의입니다. 잊을 수 없는 지난 기억들에 대한 감사와 포옹과 용서와 화해의 수습이며, 나중에 풀리라 미루어 두었던 엉킨 인연들의 고백이요 친친 동여맨 속엣말의 내다 널기죠.

수필은 남아 있는 삶의 맥락 잇기입니다. 세상과 부딪히면서 마주한 이야기들, 상처 받고 상처 주면서 다진 짧은 철학, 나만의 아포리즘, 차 한 잔과 술 한 잔과 질펀한 수다와 한바탕 웃음만으로도 소멸될 그런 시시하고 미미한 일상들에 이름을 짓는 일입니다.

수필을 두고는 이러저러 참 많은 말들을 하는군요. 아무리 그리하여도 수필은 '나'가 주제인 글입니다. 나상문학, 자조문학, 체험문학, 고백문학, 개성문학, 옳습니다. 남의 이야기가 아닌 '나'의 이야기입니다. 자신의 내부를 드러내는 용기의 글입니다. 반짝반짝 닦아 내보인 겉이 아니라 후미진 안창의 글입니다. 그러므로 수필은 쓰다가 아리고 쓰면서 아무는 글입니다. 중년 이후에 쓰는 글이라 하여 만년문학, 그 나이가 가지는 넉넉한 성찰을 두고는 방향芳香문학이라고도 하죠. 누가 지었는지 참으로 향기 나는 이름, 수필입니다.

이제 그대에게 수필 쓰기를 권합니다. 그보다는 먼저 수필 읽기를 권합니다. 멀리 홍매의 〈용재 수필〉을 읽어도 좋고, 몽테뉴와 베이컨의 〈수상록〉을 읽어도 좋고, 피천득의 〈인연〉을 읽어도 좋습니다마는 부디 가까이 있는 수필들을 예의 있게 읽어주기를 부탁합니다. 이는 수필을, 생각나는 대로 붓 가는 대로 함부로 쓴다는 함정에 빠지지 않기 위해 거쳐야 할 수고입니다. 덧붙여서 내 글을 위해 흑백사진처럼 자리한 사람들, 나의 사랑하는 친정 조카들, 다섯 해를 함께했던 교회 유치부의 순하고 어진 선생님들어머니들, 스무 해를 넘기기까지 스쳐간 나의 학생 중 누구라도 때가 되면 수필을, 향기 나는 수필 쓰기를 기다립니다. 문재나 명필은 타고나는 것, 우리는 너나없이 '글을 좀 쓰고 싶거나 좀 쓰는 사람들'이니까요.

두 번째 수필집도 줄 겸하여 지인의 가게를 방문한 날이다. 한 남자가 네일 관리를 받고있다. 내 수필집을 건네받은 지인이 그 남자를 의사라며 소개한다.

"수필을 쓴다고요? 내 친구 하나도 수필을 써요. 그 돈도 안 되는 일을 왜 하는지. 책을 냈다고 주는데 읽지도 않았어요."

그 돈도 안 되는 일? 흠뻑 취해 있던 수필의 환幻에서 확 깬다. 그래, 나의 수필이 살아가는 데 돈 되는 일은 아니다. 밥 한 끼 사 먹는 데 옷 한 벌 사는 데 아들들에게 갈 기차표를 구하는 데 무슨 도움도 안 된다. 그저 헛꿈에 빠져 글이나 읽으며 한갓되이 글 몇 줄 적는 일일 뿐, 허구한 날에 쓴 글이 누구에게 한나절 읽을거리도 되지 못한 채 말이다. 대학교수인 K 수필가는 자기 수필집이 아들놈의 라면 냄비 받침으로나 안 쓰이면 다행이라며 허허 웃었다.

문득, 바다가 배경인 고급 전원주택에서 나무에 물을 주던 의사와, 한낮에 네일 관리를 받으면서 돈도 안 되는 수필가를 앞에 두고 자기 친구의 수필집도 읽지 않았노라 당당하게 말하는, 그냥 늙어버린 의사가 한 데 겹쳐진다.

L, 설마 아니죠?

: 수필가의 꿈은 무엇일까. 흩어진 꿈 조각들을 모아 가슴 울렁이는 한 편의 글을 엮는 것은 아닐는지. - 김정화 <수필가의 변>에서

남겨질 것들

살다 보면 뜻밖의 행보를 경험할 때가 있다. 뜻밖의 기억을 소환할 때가 있다. 뜻밖의 회심이 물살을 일으킬 때가 있다. 오래 막연했던 다짐이 주춧돌처럼 견고해지는 날이 있다. 오늘이 그렇다.

교회에서 지원하는 선교지 방문차 출국하는 남편을 배웅하고 공항에서 돌아오는 길, 시어머니 산소로 차를 돌렸다. 생전의 시어머니는 자주, 장차 묻힐 곳을 염려했지만 장성한 자식들은 그리 귀담는 것 같지가 않았다. 정정한 어머니를 두고 나중 일을 입 밖으로 내는 것이 조심스러웠음이리라. 장남인 남편도 선산을 지키는 집안 형님에게 안부 전화를 해 보는 게 다였다.

"엄마는 죽으면 화장해서 뿌릴 거다."

"엄마, 뿌릴 곳은 미리 생각해 두세요."

그날도 어김없이 산소 이야기를 했던, 어느 해의 명절 모임을 마치고 귀가하는 차 안에서 큰아들과 이런 말을 주고받고는 막내시누이에게 전화를 걸었다.

"다음번 만날 때는 아가씨가 좀 나서 주세요."

"나는 예사로 생각했는데 언니는 며느리라 다르네요."

막내시누이는 그녀의 시어른들이 묻힌 지금의 하늘공원을 추천했고 막내시누이를 특히 애틋해하는 시어머니도 흔쾌히 응하였다. 따로 날을 잡아서 온 가족이 함께 공원묘지를 둘러본 후에도 흡족해하였다.

"니가 산소 올 때마다 나도 보겠구나."

여름 볕살이 뜨겁다 못해 목덜미를 쫀다. 더위를 비켜서인지 한 점 바람까지 자취를 감추고, 너른 공원묘지엔 옴짝할 수 없는 무덤들만이 한낮의 적막을 지키고 있다. 가득 볕 다발을 안은 모양들이 짠하다. 성묘 때가 아니니 그

많던 까마귀도 한 마리 없다. 포구나무 그늘에 차를 세우고 시어머니의 묘 있는 곳으로 들어갔다. 여기쯤이라 여기는 묘비석마다 우부룩한 풀에 가려져 쉬이 구별이 안 되었다. 땡볕에 내팽개쳐진 풀냄새는 글말 속에서나 맡는 그런 풀냄새가 이미 아니다. 묘석들 앞 알록달록 조화들도 더위를 먹었다. 막내시누이가 설에 꽂아두었을 빛깔 고운 꽃도 지쳐있다. 나는 한참 저 아래의 관리사무소로 걸어갔다. 몇 번을 불러야 꽃 파는 사람이 나타났다. 선뜻 흰 꽃을 골랐다. 주르르 땀이 이마로 목덜미로 흘렀지만 묘석 앞에 흰 꽃을 꽂는 순간 내 맘대로 좀 시원해진다. 아무리 지금, 꽃 말고 그 무엇을 해 줄 수 있겠는가 말이다.

신혼의 어느 날. 한밤중의 천둥번개 소리에 잠을 깼다. 내 옆에서 자던 남편이 벌떡 일어나 안방으로 달려갔다.

"엄마, 천둥번개 소리에 안 놀랬어요?"

그런 아들과의 관계가 소원해지자 시어머니는 절망했고 그 모든 탓은 며느리인 내 몫이었다. 오늘, 저 뜨거운 볕살 아래서 얼마 안 되어 바래져버릴 꽃 몇 송이 안은 채, 시어머니 생의 애증이 남긴 것은 무엇일까. 이제쯤은 다 풍화

되어 부디 평안하기를.

반대 방향으로 차를 몰고 있다. 더위 탓인지 어설피 옛 일을 떠올리느라 머릿속이 헝클어져서인지 공원묘지에서 큰길로 나오면서 깜빡 우회전을 한 것이다. 근방임에도 차창 밖의 풍경은 사뭇 낯설다. 이왕에 얼마를 더 달려 '생림 나루터'라 푯말이 세워진 곳에 차를 세웠다. 한적하다. 정자 홀로 저 아래 낙동강을 보고 있다. 강을 가로지르는 긴 교량은 그 이름난 삼랑진 철교와 또 하나 삼랑진교이다. 세 갈래 물이 만나는 곳 삼랑진, 일제강점기 일본은 물길이 교통의 요지였던 이곳에 철교를 세우던 중에 제2차 세계대전의 종전을 맞는다. 해방 후에 우리나라에서 공사를 이었지만 한국전쟁으로 또다시 중단되었다가 전쟁이 끝나고서야 완공한다. 한강철교 다음으로 긴 철교라 하나 지금은 수명을 다하여, 아픈 역사와 세월의 흔적을 녹으로 안은 채 인도교로만 이용되고 있다. 항간에서는 '콰이강의 다리'로 불린다던가. 옆에 새로 놓인 다리가 삼랑진교이다.

설화 같은 다리를 지나 강을 건너니 삼랑진이다. 더러는 적산가옥인 듯 그만그만한 집채들, 보수 흔적 없는 나지막

한 상가 건물들이 길가에 정겹다. 신호등도 이정표도 반듯하니 꾸밈없다. 그때 '만어사 9㎞'라 쓴 표지판이 눈에 띄었다. 읽고 들은 이야기가 하도 많아 꼭 한 번 가보고 싶었던 곳이다. 내비게이터가 시키는 대로 얼른 방향을 잡았다. 길은 가파르고 골은 깊어간다. 어쩌다 트럭 한 대를 봤을 뿐 지나가는 차량도 없다. 익숙하지 않은 길의 9㎞는 멀게만 느껴졌다. 만어사와 만어사로 가는 '만어길'의 이끌림이 아니라면 투덜거리다 진작 그만두었을 혼자 길이다.

오래 운영하던 학원을 접는다고 했을 때에 남편은 새로 나온 중형차를 사 주마 했다. 그간 수고했다는 표시임을 알지만 나는 suv차를 원했다.

"suv차를 타고 어디 갈라고?"

"절에."

엉겁결에 나온 내 말은 나조차도 멋쩍게 했다.

"잘한다. 교회 권사가 절에 간다는 말이 입에서 툭 튀어나오고."

나에게 '절'의 의미는 종교의 범주를 넘어, 오래된 미술관이고 숨 쉬는 역사관이고 세상사 곤한 걸음의 잠시 쉼터이며 옹색한 사유의 한 편이 된 지 이미 오래인 것을. 그 suv차가 만어사 '절'에 도착했다. 널리 알려진 바에 비하여는 아직까지 법당이 소박해서 좋다. 저쪽에 쌓아둔 기왓장이 조금 거슬렸지만 어쩌랴. 법당을 등 뒤에 두고 한풀 꺾인 볕살은 양옆에 두고는 나무 그루터기에 걸터앉았다. 과연 저 아래의 너덜겅이 장관이다. 그 옛날 동해 용왕의 아들이 인연의 터를 찾아 길을 떠나니 만 마리의 물고기 떼가 그의 뒤를 따라 이 절에 머물렀는데, 용왕의 아들은 미륵불이 되고 물고기들은 화석으로 굳어버렸단다. 첩첩이 쌓인 저 돌무덤은 만 마리 물고기들이 변한 것으로 만어석이라고 한다 하니, 인연이란 전설에서까지 못내 질기다.

새벽기도 길에서 실족을 한 시어머니가 고관절 치환수술을 받았던 때이다. 병문안을 갔던 한 날이 마침 침상에서 변을 봐야 하는 상황이었다. 간병인은, 며느리인 내가 적어도 좀 거들기를 바라는 듯했다.

"은서 에미야, 뭐 좋은 일이라고 밖에 나가 있거라."

그렇게 한 달여 시어머니의 입원 기간 동안 며느리인 내가 한 일은 아무것도 없었다. 퇴원 후에도 당분간은 누군

가가 수발을 들어야 했지만,

"나는 할 수 없어요."

며느리인 내가 막내시누이에게 했던 말이다. 그녀는 말로도 낯빛으로도 올케인 나를 탓하거나 서운해 하지 않고 그녀의 집으로 시어머니를 모셔갔다.

시어머니가 돌아가셨던 그해. 처음 일주일의 병원생활을 못 견뎌하던 시어머니는 기어이 각서를 쓰고 퇴원하였다. 그날에 막내시누이는 저녁식사를 준비하고, 나는 비워두었던 집을 청소했다. 시어머니는 오랜만의 집밥을 만족히 들었다. 잠든 모습을 보고서야 밖으로 나왔다. 여름밤의 놀이터는 선선했다. 막내시누이는 시어머니의 이후 일들에 대해 염려했고 나는 그런 그녀를 안심시켰다.

"딸은 살아생전의 효도를 한다 하죠. 이제부터는 며느리가 있으니까요."

그 이튿날 아침에 시어머니는 응급차를 타고 이생의 마지막 석 달을 보냈던 요양병원으로 거처를 옮겼다.

그렇게 시어머니 장례를 치르고 나서다. 그간 돌봐 주었던 담당의사, 간호사, 간호조무사, 요양보호사 그리고 간호부장까지 각각으로 인사할 얼마의 금액을 막내시누이와 내가 챙겨 받았다. 둘이서 요양병원을 방문했던 그날에는 외부 강의로 부재중이던 간호부장을, 나중에 나 혼자서 만났다.

"우리는 원장님이 딸인 줄 알았어요. 여기 있어 보면 알거든요. 딸은 앉아서 말하고 며느리는 서서 말하죠. 원장님은 언제나 의자를 끌어다 놓고 시어머니와 마주 보며 이야기를 하더군요. 그리고 시누이들은 무슨 일이 있을 때마다 원장님과 의논을 하데요."

그때 분명, 나는 속으로 그랬다. 어느 누구 하나 나의 골 깊은 불효를 탓하지 않는 시집식구들을 두고 속다짐했다. 살아가는 동안 행여 서운한 일이 있다 해도 지금 이 순간을 기억하고는 감사해 할 것이라고. 분명 그때, 나는 또 그랬다. 작별의 시간으로 삼 개월의 말미를 내어준 시어머니에게 감사했다. 삼십 년 무늬 진 인연을 마무리하기에 삼 개월은 턱없이 인색한 시간이었음에도.

결혼한 아들 내외가 처음 집으로 오던 날이다. 공항에서 곧바로 산소로 데려갔다. 첫인사였다. 나에게인지, 시어머니에게인지, 남편에게인지, 아들 내외에게인지. 또박또박 나는 말했다.

“어머니, 은서가 장가갔습니다. 며느리 아사는 저와 달리 신앙심이 깊고 지혜로운 아이라 제 맘에 듭니다. 혹여 아이들이 더 안 오더라도 서운해 마십시오.”

그렇게, 아들아 며늘아 너희는 아서거라. 이 일은 나 사는 동안 나 혼자만의 일이다. 삼십 년 내 인연의 몫이다. 온점 없이 막막하고 길었던 그 인연의 변제이다. 하여 나는 계절과 절기와 무관하게 시어머니의 산소를 찾을 것이다. 누가 뭐라 하든 무슨 말을 보태든 그리할 것이다. 오늘처럼, 꽃을 갈아 꽂는 것 말고는 아무것도 하지 못한 채 돌아오고 돌아올 것이다.

아아 저렇듯 묘墓라는 것, 오롯이 남아있는 자의 몫인 것을. 남아있는 자의 인연, 남아있는 자의 회억, 부채, 위안, 환상인 것을. 저기 한여름 땡볕에 민망하게 존재하는 엄연한 외피 단지 그것뿐 죽은 자와는 도무지 무관한, 남아있는 자에게만 다만 남겨진 부질없는 그것, 남겨 무엇하겠는가 말이다. 그리하여서 어느 때에, 다 알지 못할 절대자 그가 찾아와 이 세상을 하직하라 하면 부디 흔적 없이 떠나리라는 막연했던 다짐을 주춧돌처럼 다진다.

점, 선, 면이 소실되어 질량도 부피도 없는 무형의 사유로, 덧칠 안 한 원래의 밑그림과 무 매염의 순면으로, 한 번도 사랑해 본 적 없는 소심素心으로, 슬픔이나 쓸쓸함이 일제히 삭제된 순백의 영혼으로, 젖어 들러붙은 허무가 한 톨 남김없이 증발해버린 무감의 심장으로. 산란한 추억은 마저 태우고, 떠나는 인연은 어서 배웅하고, 속절없는 옛말들일랑은 속히 흩어버리고, 딱 하나 입안에 갇혀 서러웠던 언어만 끝내 안고 떠나기를. 그리하여도 눈물 글썽이며 행여 거두지 못하여 저 혼자 '남겨질 것들'에 대하여 미리 인사한다.

울음에 체하다

살다 보니 울음에도 체한다는 것을 알았다.

울다가 울음에 체해 본 날이 언제였을까. 딱히 시점을 들먹이기는 애매하다. 아무래도 철이 좀 나고부터였는지. 별나게 울 만한 사건이 있는 것은 아니었다. 그저 일정량의 슬픔이 가슴에 차올라 아무것도 하지 못하는 그런 날에 작정하고 울었다.

연암 박지원은 너른 요동 벌판을 보고 '참 좋은 울음터로다. 한바탕 울어 볼 만하구나!' 하였다지만※ 나는 방문을 잠그고 이불을 둘러쓰고 베개에 머리를 모로 누이고 등을 웅크려 가슴을 안는다. 오래전 엄마 뱃속에서의 그 자세를 내 몸이 기억하고 있었다. 밥물처럼 눈물이 흘러내려 얼마큼 베갯잇이 적셔질 때쯤이면 내 울음에 체하여 기침을 해대었다. 기침소리는 울음소리를 틀어막는다. 디드로 효과diderot effect는 구매 욕구만이 아니라 울음도 자극한다는 걸. 한 울음의 가지가 가늘어지면 새 울음의 굵은 가지가 줄을 선다. 사는 날 만큼이나 울음거리도 늘어났다. 한 번의 울음으로 족한 것도 있고 먼 데 나들이도 않고 아랫목에 드러누운 울음거리도 있다. 한참을 울고 나서는 퉁퉁 부어 쌍꺼풀이 달아난 눈두덩에 안티푸라민을 바르고, 함부로 콧물을 훔치다가 헌 콧속을 어르면서, 얼마간 쟁여진 일정량의 슬픔을 소멸시켰다. 실로 출중한 카타르시스였다. 번번이 매몰찬 생 하나를 살아내야만 하는 일이 얽히고설킨 실타래만 같아 외로울 때는 이렇게 범람이 되도록 울어도 볼 일이다. 날마다 예방하듯 조금씩 울어 둘 수는 없으니 말이다.

작은아이는 이불 속에서 우는 나를 알아준 단 한 사람이었다.

"엄마, 왜 울어요?"

"엄마가 보고 싶어서 운단다."

"엄마도 엄마가 보고 싶어요?"

"그럼, 엄마는 엄마가 안 보고 싶겠니?"

"아, 맞네요. 엄마."

산다는 것은 그저 가끔 엄마가 보고 싶어 우는 것일 뿐.

그는 울고 있는 나를 멀찍이 보면서 서늘하게 말했다.

"나는 여자 우는 걸 보는 것은 엄마 하나로 족해."

그날부터 나는, 그에게 건조했다.

다시는, 그가 보는 데서 울지 않는다.

우리 볼래? 한마디만으로 이런 날 카페에 마주 앉은 그녀가 저리도록 고맙다. 그녀에게는, 본래의 무늬를 지우지 않고도 슬픈 이야기를 외려 웃게 만드는 재주가 있다. 꿈을 꾸던 시절에는 눈곱만큼도 예상치 못했을 낯선 지금을, 어디선가 잘못 배달된 소포쯤으로 여기는 해탈. 한나절의 평안을 한 주일인 양 오롯이 즐기는 여유. 전문직이 풍기는 감히 범접치 못할 아우라. 누군가의 힘겹게 꺼낸

말에도 어려운 고전을 해석하듯 술술 풀어내는 페이스스. 대화의 틈새를, 시선의 공간을, 감정의 간격을 티 나지 않게 메울 줄을 아는 명민하고 아름다운 그녀 L, 닮고 싶은 듯 닮아 있는 듯, 가까이 내 여학교 친구가 있어 행복하다.

유월 저녁 바람이 습습하니 좋다. 은은한 첫 키스의 추억을 더듬어 내보이는 그녀의 얼굴이 말금하다. 그런 그녀와 이슥하도록 수다를 떨어도, 나만 품고 있는 슬픔은 여전한 채 외롭다. 이음매 야물게 여며둔 가슴팍에 실밥 하나가 툭 터진다. 얼른 솔기를 틀어쥔다. 소리 내어 우는 것을 그만둔 것은 그리 울어도 아무 소용없음을 알아서다. 어느 때부터 나는 나를 위해서는 울지 않기로 했다.

※ 열하일기(好哭場論)

Fight or Flight

아무리 궁리해도 거짓말이라 할 법하다. 사건의 주체인 나조차도 재차 옮기기에 힘을 잃는다. 집안에 널려있는 흔적만이 실제를 말할 뿐 사흘 전이 먼 날처럼 아득하다. 가슴을 쓸어내렸다는 말은 딱 이럴 때를 이름이다.

사건 전날의 늦은 밤이다. 욕실 밖으로 나오니 안개가 낀 듯 실내가 뿌옜다.

"목욕 후라서 그럴 거예요."

마침 친구의 결혼식 사회를 보기 위해 집에 내려온 작은 아이가 내 물음에 대수롭잖게 답한다. 나도 그리 여겼다.

그날은 일요일이다. 자고 나서도 여전히 시야는 흐렸다. 구도자 예배의 기도 담당이라며 일곱 시에 집을 나서는 남편에게 인공눈물 하나를 얻었다. 돋보기를 쓸 뿐 아직도 양쪽 1.5 시력에 인공눈물은 생전 처음이다. '시야가 흐려서 운전을 못 할 수도 있겠구나. 성가대에 앉아서 악보를 제대로 볼 수는 있을까?' 그런 염려와 함께 교회 갈 채비를 했다. 눈앞이 더 흐려졌다. 두려움이 엄습, 급히 아들을 깨웠다. 놀란 아들이 스마트폰으로 휴일 진료가 가능한 안과를 검색하는 동안 나는 교회에 못 간다는 연락을 하고는 혹시나 하는 생각에 펜과 종이를 찾았다. 돋보기를 쓰고도 얼굴을 댈 듯하고는 '어젯밤부터 시야 흐림, 사물 구별 안 됨, 글씨 쓰기 어려움, 혈압 당뇨 없음, 복용약 없음' 거기까지 쓴다. 일순간 눈앞이 깜깜해졌다. 공포를 느낄 새도 없이 날 끝으로 눈알을 통째로 빼는 것만 같은 끔찍한 통증. 119 구급차를 탔다.

구급대원이 안내한 A대학병원의 응급실을 거쳐서 안과 진료를 받는 내내 나는 울었다. 진료를 위한 모든 과정마다 참을 수 없는 통증이었다. 눈에 손을 댈 수가 없었다.

거즈 한 장의 무게도 압통이었다. 눈이 뜨여지지 않았다. 마취를 하고서야 겨우 검진을 받았다. 목소리로만 만난 의사는 침착하고 친절했다. 그 난리에도 불구하고 진료 결과는 지극히 시시했다. '원인은 알 수 없으나 먼지, 햇빛, 음식, 스트레스 등으로 올 수 있는 각막부종. 진통제를 쓰면 각막궤양이 생길 수 있어 통증은 한 이틀 정도 참아야 하고, 수요일 열 시에 안과 외래에 진료 예약해 두었으니 그때까지 인공눈물로 씻고 만일을 위해 항생제를 넣을 것.' 내 작은아이는 시종일관 찬찬하고 나긋하니 내 어깨를 감싸고는 다독거렸다.

"엄마 잘했어. 조금만 참아. 다 끝났어. 오른쪽으로. 바닥이 좀 꺼졌네. 이제 됐어."

작은아이의 연락을 받은 큰아들이 급히 내려왔다. 아들들은, 예전의 한때처럼 빨래를 개고 욕실을 청소한다. 내 핸드폰의 문자를 읽어주고 물을 마시게 하고 화장실로 침대로 손을 잡아 이끌며 시간 맞추어 내 눈에 안약을 넣는다. 부은 탓인지 감긴 눈 밖으로 눈물이 흘러내리지 않아서 고인 눈물의 압통을 덜기 위해서는 자주 눈꺼풀을 집어

들어 눈물을 흘려보내야 한다. 아들들 보기가 참말르 얄궂다. 와중에도 장성한 아들들의 수발이 흐뭇하다. 도란도란 둘의 이야기가 내 귀에 꿈결 같다. 낮이 지나고 저녁이 되니 교회로부터 궁금하고 염려스러운 안부들. 고맙다. ㅂ 권사의 협박 같은 권유로 유명 안과에 진료를 받기로 한다. 나의 남편은, 아침 구도자 예배를 시작으로 2부 예배의 기도, 3부 예배의 건축설명회, 오후예배 후의 선교위원회를 다 끝내고 휑한 걸음으로 귀가했다. 내일 지구가 멸망해도 삽 들고 나가 사과나무를 심을 사람이다.

월요일 아침에 눈이 조금 뜨였다. 통증도 꽤 가셨다. 혼자 걸을 수가 있다. 의사의 얼굴이 보인다.

"아무 이상 없으니 처음 진료한 병원으로 오라는 날에 가보세요."

의사의 말에 아들들이 더 황당해했다. 큰아들이 거들었다.

"선생님, 엄마가 정말 심각해서 119구급차를 타고 응급실에 갔어요."

의사가 뚱하게 되물었다.

“119 구급차를 타고 갔다고요?”

결코 굿 닥터다운 응대랄 수는 없었다. 머쓱해진 내 말이 혼잣말처럼 들렸을 뿐이다.

“나 혼자 있었으면 거짓말이라고 하겠네요.”

병원을 나오며 아들들은, 환자 심정을 몰라보는 무심한 의사라며 퉁퉁거렸지만 내 머릿속에서는 종일 흐리던 날에 쨍하고 해가 뜨는 듯했다. 눈이 조금 더 뜨였다. 광안대로를 지난다. 푸르고 묘묘한 바다, 반짝이는 윤슬. 뒷좌석 등받이에 깊숙이 등을 묻은 나는 눈을 감았다. 각막이 부어올라 시력상실의 위기에서 절망했다는 소노 아야꼬를 떠올린다. 그윽했다. 감사합니다.

‘딱 쏘가지 못된 것들이 스트레스 땜시 못 살것단다.’ 억센 사투리로 방송 설교를 하는 그 목사님이 막무가내로 나무랐던 말이다. 오래전에 갑상선기능항진과 급성임파선양성 종양을 앓았다. 그때마다 의사는 스트레스를 주의시켰다. 시집 식구들과 먼 나라로 여행을 가서는 뜻밖의 위경련으로 낭패를 본 적도 있다. 암세포도 키우더니 기어이는 원인모를 각막부종으로 실명의 공포까지. 그 목사님의 사투리로는 '딱 쏘가지 못된 것들'의 전형이다. 아무리, 스트레스의 방자함과 무모함을 멱살 잡고 다그친들 하마 못된 쏘가지를 어찌할꼬마는.

1936년 한스 셀리에Hans Selye는 과학저널 《네이처》에 발표한 논문 "다양한 유해 자극으로 생긴 증후군"에서 처음으로 스트레스를 거론했다. 일상생활에서 경험하는 부정적인 현상들을 스트레스 요인stressor이라 하고, 손상을 입히는 자극의 유형과는 무관하게 나타나는 전형적인 증상들을 스트레스 반응이라 한다. 그리고 위기에 처한 생명체는 살아남기 위하여 몸의 자원을 재배치하는 과정에서 'Fight or Flight 싸우거나 도망'한다는 것이다. 아무려면.

단 하나 소중한 내 자아의 안녕과 평형만을 우선할 일이다. 그 항상성을 위협하는 일체의 스트레스 요인에 대하여는 Flight 또 Flight, 훠훠 날려버리리라. 그도 아니면 별 수 없이 Fight 또 Fight, 의병인 양 싸우리라. 그것은 제쳐두었던 나를 불러내는 일이다. 등 뒤에만 세워두었던 나에 대하여 미안함을 더는 일이다. 심상했던 나를 위한 심상찮은 예의이다. 세상에 하나뿐인 한정판 나, 예수님이 대신 죽어 값 치른 나.

마음 하나 도셔먹으니 울컥 올라오는 것도 그리 쓴맛은 아니다.

비투비에 빠지다

작년이다. 한 해가 저물 때쯤 우연히 귓가에 들린 노래 하나가 막무가내로 직진하더니 속력을 더하여서 고막을 뚫고는 그대로 내 심장을 때렸다.

> 너를 그리워하다가 하루가 다 지났어. 너를 그리워하다가 일 년이 가버려도. 난 그냥 그렇게 살아
>
> –그리워하다.

흡사 한 편의 시를 읊는 듯 물기 촉촉한 감성의 발라드 곡조를 쫓아 온 감각이 달음박질했다. 텔레비전으로 컴퓨

터 검색으로 핸드폰으로, 기어이는 다니러 온 작은아들에게 usb에다 따로 담도록 하기까지. 그렇게 아이돌 그룹 비투비(BTOB: Born To Beat)에 홀렸다. 풍덩 빠졌다. 빌보드 차트를 오르내리는 아이돌 그룹 방탄소년단의 팬클럽 Army에 정식으로 가입했다는 한 문우에게 그대는 애국자라 말해주었다마는. 나는 가입을 안 하는 게 아니라 어찌해야 하는지 방법을 모를 따름. '빌 게이츠가 전 재산을 다 준다 해도, 도널드 트럼프가 돈 수영장에서 자루 가득 돈 담아 가란대도 안 바꿀 우리 비투비' 이토록 결연한 선언을 인터넷에 올린 비투비 팬클럽 Melody에 버금 할 팬심에 함빡 젖고 말았다.

여학교 시절에 처음으로 유명인을 좋아했다. 당시 라디오에서 청소년 음악프로그램을 진행하는 차인태 아나운서였다. 얼굴도 모른 채 목소리만으로 설레던 그를 여학생 잡지에서 대면했다. 얼마나 잘생겼던지. 가슴이 팔딱거렸다. 그에 관한 모든 글자를 낱낱이 외었다. 세계사 과목보다 더 꼼꼼히. 아직도 기억에 남는 것은 고향이 이북이라는 것, 아버지가 산부인과 의사라는 것, 음악대학의 성악

과를 나왔다는 것. 그가 방송에서 〈콜로라도의 달〉 노래를 불러주었을 때 그 노래는 그만 나의 노래가 되었다. 한참 세월을 보낸 어느 해에 나는 그랜드 캐니언으로 가는 경비행기를 탔다. 미국인 조종사는 저 아래가 콜로라도강이라 설명했다. 문득 '콜로라도의 달 밝은 밤은 마음 그리워 저 하늘' 노래와 함께 그 시절의 설렘이 떠올랐다. 다시 또 한참 세월을 보냈다. 젊은 강사들과 차를 마시면서 수다를 떨던 어떤 날이었다.

"나 여학교 시절에 차인태 아나운서를 무지 좋아했어요."

내 말을 들은 그녀들이 금세 컴퓨터를 검색했다.

"세상에! 이렇게 나이 든 사람을 좋아했어요?"

까르르 웃음소리를 귓전으로 후다닥 들여다본 거기에는 앞머리가 헐빈한 늙은 남자가 웃고 있다.

여느 아이돌 그룹들도 그러하려니와 그중에서도 비투비는 보컬이 좋다. 랩은 내 나이가 듣기에도 그다지 상그럽지가 않다. 펄쩍펄쩍 칼군무가 느긋해지면 시선조차도 보컬로 끌어당긴다.

> 언젠가 다시 만나 우리. 더 좋은 날에 우리. 좀 더 행복하게. 좀 더 차분하게. 설레는 햇빛 아래서 우리
>
> —언젠가.

그새 서른이 된 내 작은아들이 듣는 노래이다.

> 집으로 가는 길 매일 걷던 그 길을. 헤매다 길을 잃은 아이처럼 방황의 끝에 서 있죠. 힘들어도 끈은 놓지 말아요
>
> —집으로 가는 길.

젊은 그들의 노래는 나이를 넘나든다. 듣는 모두를 위로하고 격려한다.

> 내 꿈이 멀게만 느껴질 땐 잠시 쉬다 가세요. 힘들어도 괜찮아 괜찮아 다 잘될 거예요. I believe in you
>
> —괜찮아요.

춤을 출 때의 일곱 남자가 뿜어내는 엄청난 에너지는 무대를 꾸밀 별다른 조작이 없어도 Sexy 그 자체이다.

나 빼고 다 늑대. 그게 무슨 교회 오빠든 부모님끼리
친한 친구든. 나 빼고 다 늑대. 그걸 몰라

– 나 빼고 다 늑대.

스물의 청청한 그들을 보면서 나는 가슴이 팔딱거렸다. 그 옛날 차인태 아나운서의 얼굴을 처음 봤을 때처럼 느닷없이 함부로 또 열없이. 연일 물쿠는 날씨임에도 오로지 비투비 일곱 남자로 인하여서, 그 잘생긴 얼굴을 보며 이맛살을 펴고, 그 섹시한 퍼포먼스 앞에서 있는 대로 입꼬리를 올리면서, 요샛말로 므흣한 그 노랫소리에 심쿵해 하면서, 양껏 양양해진 기세로 한소리 호통한다.

"더위야, 어여 저리 물렀거라."

팬심의 간절함이 통하였음이다. 텔레비전 방송을 뒤지고 돌리다가 비투비의 지난 공연들을 모조리 볼 수 있는 호사를 누렸다. 데뷔 시절의 풋풋한 모습을 보는 것은 덤이다. 2012년 3월 21일에 데뷔하여 2014년의 첫 공연 'Hellow Melody'부터 2015년의 'Born To Beat Time'과 2017년의 '우리들의 콘서트'까지 세 번의 공연을 보느라 꼬빡 밤을 새웠다. 그들의 노래를 듣고는 영어 사전을 찾는다. cuz가 because의 고어라는 것을 안다. 그들이 지은 곡조에 마구 공명하고 그들이 쓴 노랫말에 마구마구 공감한다.

> 난 지금 네게 가고 있는 길이야. 봄의 끝보다 훨씬 빠르게. 할 말이 있는 걸 말하지 않으면 평생을 두고 후회할 것 같아 —너 없인 안 된다.

그래 비투비, 나도 지금 너 없인 안 된다.

: 2018년 'This is us' 콘서트 후 리더 서은광이 입대했다.

거기에 네가 있었다

여러 해 전이다. 수필 관련하여 수상하는 스승을 축하하기 위해 자동차를 타고 부산에서 강릉으로 가는 길이었다. 이른 아침에 바삐 나선 길이라 일행 모두가 거르거나 변변찮은 아침 식사로 출출하다. 요기를 위해 들른 휴게소 뒤편으로 눈 닿는 곳마다 동해바다다. 각각 주문한 음식을 받아들고 자리에 앉아서 막 먹기 시작할 참이다. 웬 남자가 고래 고래고함을 지른다.

가만 들어본즉슨, 주문하는 창구 위 벽에 붙은 사진을 보고 어묵탕을 시켰는데 막상 나온 음식은 사진의 그것과 다르다는 것이다. 손님에게 사기를 친다는 남자의 말에 욱한 주인과 둘이 한바탕 말싸움이다. 흘깃 곁눈으로 봐도 남자 앞에 놓인 어묵탕은 어묵의 개수부터가 사진과 차이 난다. 광경을 지켜본 일행들이 그냥 웃어넘기는가 하더니 기어이 작가들답게 토론했다. 음식점 주인의 트릭이다. 남자야말로 진정한 컨슈머다.

2014년 국립국어원은 '먹스타그램'을 신조어로 선정했다. '먹다'와 사진 공유 애플리케이션인 '인스타그램'을 합친 말로 자신이 먹은 음식의 사진을 그 음식에 관한 정보와 함께 인스타그램에 올린 것을 말한다. 가는 곳마다 잘 차려진 음식 앞에서 먹기보다 먼저 사진 찍는 광경을 쉽게 본다. 어떤 음식점에서는 사진 촬영 금지라고 적어두기도 한단다. 셰프에게는 자기 요리에 대한 지적 재산권을 침해하는 행위이며 음식점에 대하여는 일종의 스포일러라는 것이다. 이러다 보니 달리 상업적인 의도나 무슨 상업적 해석이 있거나가 아닌, 먹어본 음식에 대한 순전히 개인취향의 먹스타그램도 선 작용과 부작용, 양날의 칼이 된다. 그것 때문에 음식점을 찾지만, 그것 때문에 실망

할 수도 있다는 것이다. 그때 강릉 가는 길의 휴게소 어묵탕처럼 말이다.

평소 음식 사진을 잘 찍지 않는다. 음식을 내오면 사진 찍는 사람들이 다 찍기만을 기다린다. 온도와 향 그대로의 훈감한 음식을 어서 먹고 싶은 생각뿐이다. 그 순간 내 시선이나 카메라의 뷰파인더나 음식에 꽂히긴 매한가지일 터. 그러나 둘의 서로 다른 결과는 나중 어느 날에야 확연해진다는 것을 새로 알았다. 하나는 잊히고 하나는 기억되고. 나는 사진 찍기를 시작했다. 자랑도 정보 제공도 아니다. 먹고 나면 깡그리 잊히는 음식을 기억하기 위해서다. 어찌 식감과 냄새까지 사진으로 남기겠느냐마는 음식과 함께, 음식의 이름으로, 그 순간의 모든 것을 저장해 두고 싶은 것이다. 그 순간에 이르기까지의 인연들, 거울 앞에서 몇 번이나 옷태를 돌려보며 차려입었을 의상, 테이블 위에 다소곳한 꽃 한 송이, 한쪽 벽에는 입 다문 복제품 그림액자, 길게 이야기를 자아내는 붙임성 좋은 꽃무늬 찻잔. 내 기억보다 영특한 사진은 무엇보다도 그 순간에 함께했던 인연들을 새겨 둘 것이다. 언젠가의 그날에 불러

내 줄 것이다. 불러낼 그날과 이날의 이 순간을 친절하게 이어 줄 것이다.

아! 언젠가의 그날. 호들갑스럽던 일상이 숨죽은 저녁 어스름에 별안간 남은 생이 두렵다 느껴질 그날, 애먼 '질량 보존의 법칙'이 행복 총량의 법칙으로 뜬금없이 둔갑되어 더는 남은 행복이 없다 여겨질 그날, 눅은 엿가락처럼 찐득하게 늘어나는 실삼스러운 생에 사표라도 던지고 싶어질 그날, 낙목한천의 겨울나무처럼 쓸쓸해질 그날.

새벽기도 길에서 만난 노老권사님은 '사는 게 지겹다.' 무거운 한마디로 내 안부에 답하셨다.

창밖에 흐르는 계곡 물소리를 들으며 달금한 단호박 샐러드에 작게 탄성을 질렀던 그 레스토랑을 기억한다. 시장 안 오래된 식당의 뜨뜻한 방바닥에서 상 밑으로 다리를 쭉 뻗고 앉아 내숭 없이 후루룩거리며 동태탕을 먹었던 그 겨울을 추억한다. 팥 칼국수를 싹 비운 날에도 우리는 한참동안 동안 벽에다 등을 기대고 앉아 남은 이야기를 나누었다. 분명 시답잖은 이야기였을 테지만 팥칼국수 빈 그릇 너머 거기에 네가 있었다.

까뜨린느 드뇌브처럼

그녀는 내 눈앞에서 두 번이나 죽었다. 스물의 나이에는 연인의 총에 맞아 눈밭에서 죽었고, 일흔이 되어서는 텃밭 옆 잔잔한 호수에 빈 나룻배만 남기고 사라졌다. 스물의 죽음은 처연한 영상으로 치장하였지만 일흔의 죽음은 낡은 나룻배만이 작은 호수에서 흔들거리도록 두었다. 스물의 죽음은 그나마 동행을 가졌으나 일흔의 죽음은 오롯하니 혼자였다. 스물의 죽음이 애잔함으로 각인되었다면 일흔의 죽음은 말 그대로 장차의 죽음을 사유케 했다.

스물의 그녀를 〈쉘부르의 우산〉에서 처음 만났다. 쉘

부르의 작은 우산가게 딸인 아름다운 그녀 '주느비에브'는 사랑 앞에 절절했고 그 사랑 앞에서 성숙했다. 어느 눈 내리는 크리스마스, 주유소에 들른 그녀는 옛 연인 '기이'를 만난다.

"딸 이름이 '프랑수아즈'예요. 당신을 닮았는데 한 번 만나 볼래요?"

그녀는 옛 연인과의, 기름을 넣는 잠깐의 재회를 뒤로하고 딸과 함께 그곳을 떠난다. 이내 기이의 아내와 아들 '프랑수아'가 외출에서 돌아오고, 아들과 놀아주는 마지막 장면이 멀찍해서 가만하다.

그녀를 만난 후에 기숙사의 한 선배는 주느비에브가 입었던 노란색 레인코트를 맞춰 입고 주느비에브처럼 머리를 올려 묶고 다녔다.

몇 년 후 또다시 이루지 못할 사랑에 빠진 그녀를 만났다. 〈비우悲雨, Mayerling〉의 젊고 아름다운 남작부인인 그녀 '마리아'는 아내가 있는 황태자 '루돌프'와 비련에 빠진다. 끝내는 총으로 동반자살을 하기까지. 밀회의 장소인 Mayerling의 창가에서 커피를 마시는 그녀에게 비스킷을 먹겠느냐 루돌프가 묻는다.

“비스킷은 살이 쪄서 싫어요.”

그녀의 말을 떠올리며, 초콜릿을 한입에 두 개씩 넣고 아몬드 사탕을 봉지째 사다가 서랍에 넣어두고 아이스크림을 밥숟가락으로 퍼 먹으면서도 비스킷만은…, 했다.

세월은 흘러 오십의 그녀를 〈인도차이나〉에서 재회했다. 아름다움이 절정이다. 인도차이나에서 태어나고 자라 고무공장을 경영하는 강인하고 매력적인 그녀 ‘엘리안느’는 양녀인 ‘까미유’에게 프랑스식으로 교육하며 애정을 쏟는다.

“나는 인도차이나를 떠나 본 적이 없다. 세상에는 분리될 수 없는 것들이 있다. 인도차이나와 프랑스.”

그러나 까미유는, 한때 그녀의 연인이었던 프랑스 장교 ‘장’의 아이를 낳았고 베트남인으로서의 정체성을 버릴 수가 없다.

“아이를 데리고 프랑스로 가세요. 당신의 인도차이나는 존재하지 않아요.”

인도차이나도 까미유도 잃은 그녀는 프랑스로 돌아간

다. 혼돈했던 역사의 시간이 흐르고 까미유는 북베트남 대표로 제네바 협정에 참석한다. 장성한 '에띠엔'은 까미유를 만나는 대신 그녀에게 말한다.

"당신이야말로 나의 어머니입니다."

나는, 〈인도차이나〉 영화를 본 후 베트남 하롱베이를 다녀왔다.

시간은 또 흐른다. 어느새 일흔이 된 그녀를 〈더 미드와이프, The Midwife〉에서 다시 만났다. 아름답기가 여전하다. 뇌종양을 앓아 죽음이 두려워진 그녀 '베아트리체'는 오래전에 버리고 떠났던 딸을 찾아온다. '클레어'는 삼십오 년 만에 불쑥 나타난 새엄마가 조금도 반갑지 않다. 베아트리체는 아무것에 얽매이기가 싫어 직업도 갖지 않은 채 카드게임으로 돈을 벌며 화려한 옷을 입고 고기와 술을 즐겼다. 클레어는 미드와이프로서의 자기 일에 직업의식을 갖고 존경을 받으며 수수한 옷을 입는 채식주의자로 쉬는 날에는 텃밭을 가꾼다. 클레어의 텃밭에 간 베아트리체는 호수에서 수영하는 클레어의 아들을 보며 행복해한다. 그럼에도 클레어는 베아트리체에게 냉정하다.

"우리는 절대 서로를 이해할 수 없어요."

둘은 티격태격 다툰다. 때론 친구처럼 또 모녀처럼. 그녀는 클레어를 사랑한다. 클레어를 통해 자신의 삶을 되돌아본다. 점점 병이 악화되어 가끔 정신을 잃지만 클레어한테는 비밀이다. 끝을 생각한다. 말없이 클레어 곁을 떠난다. '완벽하지는 않았지만 네가 있어 따뜻한 날들이었다.' 베아트리체의 편지를 읽는 클레어. 클레어의 텃밭 옆 작은 호수에 나룻배만이 저 홀로 흔들거린다.

엔딩 크레디트가 다 끝날 때까지 나는 꼼짝도 안 했다. 꼼짝할 수가 없었다. 가까이 사랑하는 사람들, 내 수필을 칭찬해 주던 멋쟁이 장로님은 일흔의 새해를 보지 못하고 바삐 떠났다. 내가 재클린※을 닮았다고 단박에 알아주던 장로님이 뇌경색을 앓는다. 차마 입 밖으로 꺼낼 수 없던 말, 내 친구 은자가 아프다. 우리 중에 젤로 착하고 야무진데 별안간에 쓰러져서는 말도 못하고 걷지도 못하고 눈물만 흘린다.

죽음을 기억하라. 죽음에 대한 톨스토이의 답이다. 그는 저서 《인생의 길》에서 '오늘 밤까지 살라. 동시에 영원히 살라'고 한다. 죽음을 생각하되 순간을 충만하게 살라고 한다. 예순을 살아내는 동안 나와 마주한 인연들을, 더러는 기이와 루돌프였고 아마도 인도차이나와 까미유였으며 어쩌면 클레어를, 영화 속의 그녀처럼 충만하게 사랑하지 못했다. 이기와 무지와 태만이 언제나 나를 기우뚱 비탈에 세웠다. 남아있는 궁극의 죽음만은 평지처럼 반듯하게, 때가 되면 어서, 행여 미망이니 미랭시니, 부디 스크린의 까뜨린느 드뇌브처럼. 신神이 허락한다면 나는 솔발이라도 치고 싶다.

※ 이십 대의 수술실 간호사였다.
애리애리한 인턴 의사가 감독수녀님 앞에 조아리듯 서 있다.
"재클린 닮은 사람한테 수술 스케줄을 냈습니다."
매우 못마땅한 듯 수녀님의 목소리다.
"여기 재클린 닮은 사람이 어딨어요!"
나는 얼른 손을 들고 말했다.
"제가 받았습니다."

금반지 두 개와 이만 원

제21차 남북 이산가족상봉이 한창이다. 그들 기막힌 상봉은 장면마다 내 눈물샘을 건드린다. 1985년 첫 상봉 이후 스무 번을 넘게 만났어도 상봉을 고대하는 남은 이산가족의 수가 엄청나다 한다. 이산을 경험하지 못한 내가 무슨 말을 더 보탤까. 횟수를 더할수록 텔레비전으로 보는 그들 얼굴이 연로해져 마음 아프다는 그 말만.

가까이에, 한 동네 건너의 일 같았던 남북 이산가족상봉의 지인이 있었다. 2000년도였다. 근무했던 병원의 수간호사 유 선생이 텔레비전에 나온 것이다. 상봉한 아버지는 북한 국어학의 거장인 류렬 박사였다. 전쟁이 났을 때 네 살이던 그녀는 고모를 따라 아버지의 고향인 산청으로 내려오고 당시 대학 강사였던 아버지는 의용군이 되고 월북했다고 한다. 상봉 일정을 마치고 돌아가는 버스 안의 아버지를 올려다보며 흐느껴 울던 유 선생이 잊히지 않는다. 갓 태어난 증손녀에게 '여울'이라 이름을 지어준 것과, 인사동의 고서점 '통문각' 주인이 전쟁 중에 전하지 못했다는 오래된 책 한 권을 건네주던 것을 기억한다. 류렬 박사는 딸을 만나고 사 년 뒤 2004년에 사망했다는 것을 이 글을 쓰다가 알게 되었다. 소설보다 더한 사연이 어디 그뿐이랴 마는.

마침 M방송국에서 이산에 대하여 특집 방송을 하고 있다. 대전의 한 냉면집주인의 이야기이다. 그는 전쟁 전에 평양의 이름난 냉면집 아들이었다. 평양고보 이학년이 되던 해에 시절이 수상하니 잠시 몸을 피하자 했던 것이 영영 이산가족이 되고 만다. 그가 집을 떠날 때 그의 어머니는 급할 때 팔아서 배를 곯지 말라며 금반지 두 개를 손에 쥐여 주었다. 아무리 어려워도 어머니의 금반지는 팔지 않으리라 했지만 결국은, 팔면서 울었다고 한다. 금반지를 어머니께 돌려 드리는 것이 평생의 소원이라며 글썽인다. 골 깊은 얼굴주름 켜켜이 그리움과 한이 개켜져 있다.

얼추 사십 년이 되어 이제는 묵이가 될 법한 이야기이다. 언니가 세 살 네 살의 두 딸을 데리고 일본으로 떠나던 날이었다. 형부는 일본 문부성 초청 국비유학으로 먼저 가 있었다. 출국을 앞두고, 언니는 시청의 담당부서에서 해외 생활에 대한 소양교육을 받았고, 작은올케언니는 낯선 나라로 떠나는 시누이를 위해 이것저것 소용거리를 장만했으며, 나는 조카들의 예방접종을 그 월령에 빠짐이 없도록 챙겼다. 공항에는 작은올케언니가 따라갔다. 낮번 근무였던 나는 그 전날 밤에 작별했다. 시누이를 배웅하고 온 작은올케언니가 돈 이만 원을 내밀었다. 언니가 환전하다 남긴 돈을 나에게 전해주라 했단다. 그때는 공항에서만 환전을 했던 모양이다. 돈을 건네받은 나는 울컥했다. 해야 할 다음 말이 입안에 갇혀 못 나왔다.

언니는 처음부터 내게 돈을 남기려고 했던 것은 아니었을 것이다. 환전하다 말고 문득 뒤가 돌아보였음이다. 하나뿐인 제밑동생이 켕기었음이다. 혼자 두고 가는 것이 짠했음이다. 안날의 작별이 미흡했음이다. 급한 안부처럼 긴한 당부처럼 그렇게 이만 원을 남겼음이다.

학업 때문에 떨어져 지내던 얼마간의 햇수를 빼고는, 여럿의 형제자매 중에서 유독 언니와 나는 지금까지 한 도시에서 지척 간으로 지낸다. 나는 언니한테 자주 깨살을 부리고 온갖 머즌일을 내맡기며 산다. 싫증난 것들을 줬다가 도로 뺏는 것쯤이야 항다반사. 그럴 때마다 언니는 조금 나무라고는 저 못된 것이 응당 저러하려니 그러고 만다. 자매로 태어나 모색毛色은 닮으면서 천품天稟은 어이 다른지.

그때 그 이만 원을 곱새기곤 한다. 언뜻언뜻 하던 것이 나이가 들수록 잦아진다. 그 이만 원의 실재를 생각한다. 그때의 이만 원이 시간을 달려 이천만 원이 되다가 공간을 넘어 이억 원이 되다가, 더는 점증을 막지 못하고 셈을 할 수 없이 되어버렸다. 남과 북으로 이산의 한을 지닌 냉면집주인은 어머니의 금반지 두 개를 돌려드리지 못하고 산다. 나는 지척의 언니에게 이억이 넘는 빚을 입 싹 닦고 그냥 산다. 그 빚 때문에 죽을 때에도 퍼뜩 눈을 감지 못할 것이다.

가을, 생이 이러하다

우리는 웃고 떠들었다. 손을 잡고 팔딱 뛰었다. 어젯밤에 우리가 무엇을 이야기하며 쓸쓸해했는지, 누구를 향하여 분노를 뿜었는지, 어떻게 서로의 어깨를 다독이었는지, 그 어떤 일도 없었던 양 깔깔거렸다. 웃음소리가 소나무를 간질였다. 솔잎이 가늘게 흔들린다. 그래, 우리 앞에 놓인 생이 또한 이러하니. ―〈생이 이러하다〉에서

은밀한 동력

생이 이러하다

우울을 어르다

한마디면 될 걸

오페라에의 초대

논두렁이 기가 막혀

뜨거운 키스, 마지막 키스

우리의 매력 중 하나는 나이

내 생일에는 나에게 애틋하다

은밀한 동력

가을에 쓰는 첫 글이다.

여름 더위의 맹위를 생각하면 도저히 올 것 같지 않던 가을이 문밖에 와 있다. 별수 없이 여름은 가을에게 집을 내줘야 하고 알 수 없는 다음 계절이 와 밀어내기까지는 가을이 집주인이다. 사랑이라는 실체도 어쩌면 이 막무가내의 계절 같은 것이 아닐까. 가끔씩은 지난 여름이듯 사랑했던 기억만이 일상이라는 집에 얹혀살면서 주인행세를 하다가 속절없이 떠나가곤 하는지도.

저녁나절에는 동창을 만나기로 했다. 그녀는 나에게 살

뜰하다와 성가시다의 경계에 있다는 표현이 적절할 친구이다.

'남편이 나에게 묻지도 않고 신형의 중형차를 뽑아주는데 색이 마음에 안 든다.'

'피부과 의사 사위한테 보톡스를 맞았는데 티가 많이 난다.'

'대만 어느 방송국 아나운서인, 아들의 여자친구가 고급 차茶를 선물했다.'

'사돈과 함께 몰디브로 여행을 다녀왔다.'

이런 말을 듣는 날에는 예의 두 낱말 사이 경계가 심히 벌어져 그 너머 살뜰한 것들은 형체도 보이지 않는다. 그 어느 것도 나와는 거리가 멀었다. 낼모레면 십 년이 되는 자동차를 타고, 보톡스 맞혀 주는 사위를 데려올 딸도 없으며, 아들 여자친구의 국적은 한국이고, 사돈 아니라 혼자만이라도 몰디브 여행은 울 넘어 이야기인 나였다.

"그때 사귀던 남자친구는 어찌되었어?"

내 질문은 명백히 유치했다. 성가심에 대한 은근한 경고였고 숨겨지지 않는 시샘이 고개를 쳐든 것이다. 그녀는 내 조잡한 의도를 눈치채지 못한 듯도 했다. 아닐 수도 있겠다마는. 그녀가 순하게 말을 받았다.

"나 남자친구 만나러 갈 때 니 빨간 원피스 빌려 입고 갔었어."

그래, 그땐 그랬다. 기숙사 생활을 하던 학생 때였다. 누가 연애를 하는지 누구에게 무슨 옷이 있는지 다 알았다. 나는 애인도 없이 옷만 많았다. 장거리 연애를 하던 향이는 내 구두를 신고 기차를 탔다. 누군가는 내 새 가방을 들고 나갔다. 서울에서 국가고시를 치던 날에도 길이는, 남아서 데이트를 할 거라며 옷을 바꿔 입자 했다. 모자가 달린 체크무늬의 롱코트를 벗어주고 그녀의 두툼한 반코트를 받아 입고 내려왔다. 모두 그렇게 비밀 없이 남자친구를 만나던 시절이었다.

"집안의 반대로 헤어졌어. 어느 날 길을 가다가 그 남자를 만났단다. 다른 여자와 함께였어. 나도 모르게 뒤를 따라 걸었지. 한참을 가던 그 남자가 뒤돌아 와서는 내 어깨를 안으며 '우리 헤어졌잖아.' 했어. 가끔 그 기억을 떠올리곤 한단다. 좋은 기억. 그 기억이 열심히 살아가는 힘이 되어주었어."

나는 그녀의 말에다 굵게 밑줄을 그었다. 오래되었다고 낡아 내다버릴 것은 아니다. 사랑의 감정은 비록 흐릿해져야 할 옛사랑일지라도 삶의 은밀한 동력이 되어준다는 것을 안 순간이었다. 그녀의 솔직함의 순도가, 그녀의 정갈한 추억이, 그녀의 행복의 부피가 덩달아서 나를 흐뭇하게 했다. 초가을 저녁바람처럼 차분하게 했다. 솔기 보드라운 면 잠옷으로 갈아입고 이불 속에 누운 듯 아늑하게 했다. 그날 이후부터는 그녀의 어떠한 성가심에도 진심으로 맞장구를 친다. 혹여 남편이 사줬다며 물방울 다이아몬드반지 낀 손을 내 눈앞에 흔들어 보인대도 한껏 호들갑을 떨 것이며, 사돈과 함께 달나라 여행을 간다 해도 한 치 의심 없이 박수를 칠 것이다.

문득 돌아다본다. 잘 가라 인사하고 반대방향으로 걸었던 걸음을, 멀어져 갈 뒷모습을 차마 돌아보지 못했던 울먹임을, 사랑이라 여기었을 감정에서 걸어나왔던 날들을. 잠포록한 날의 저녁 어스름에 가을이 문지방을 넘고 있다.

생이 이러하다

수업을 마치고 나오니 핸드폰에 두 번이나 전화가 와 있다.

"왜 이리 전화를 안 받아요? 오빠는 집에 있던데 언니 어디 갔는지는 모른다고."

때를 놓친 통화로 그녀의 말결에 날이 선다.

"수업 간다 하고 밥상까지 차려주고 나왔는데."

이럴 때의 나는 엄연한 진실을 말하면서도 거짓말 탐지기를 마주한 듯 궁싯거린다.

"토요일 산청에서 모이는 거 알죠?"

"그날 꼭 가야 하는 결혼식이 있어서요."

그때부터 나는 또 설명이 길어진다.

"이십 년 지기인 강사의 아들인데 아, 아가씨도 알죠? 은서 결혼식에 서울까지 와주었어요."

어정쩡 통화가 끝났다. 공교롭게도 L 선생의 출판기념일이 서울 사는 며느리의 제왕절개 분만일 즈음이다. "출판기념식에 못 가게 되어 정말 죄송해요." 서운했을 내 말에 L 선생의 표정이 맑지 않다. 의사인 아들이 마련한 자리를 앞두고 내내 설레던 L 선생이다. 그런 만큼 더 미안했다. 선교사 Dr. 마틴의, 어쩌면 마지막이 될 내한을 계기로 전에 근무했던 병원에서 홈커밍데이를 한다. 같은 날에, 매주 봉사하는 소망대학에서 어르신들의 야유회가 있다. 나는 '민소저小姐'라 불렸던 금발의 그녀를 만나고 싶다. 소망대학 야유회에도 빠질 수가 없다.

이렇듯 자주, 내게는 어찌하여야 하나 절박한 속내평이 그대들에게는 변명이 되는 순간들. 어쩌면 내 앞에 놓인 생이 다 이러하다.

지난여름은 오래 안부가 궁금했던 친구들과의 해후로

하여 특별했다. 여학교 때 같은 교회를 다녔던 그녀들은 나 빼고 다 교회 장로님 딸이다. 아버지가 장로님인 친구들. 그때 장로의 딸은 장관의 딸보다 더 현실적이었다. 대신에 나는 장차 장로의 며느리가 될 것이라 했다. 기특했으나 사특했다. 어제 안부를 주고받은 친구도 있고 한동안 소식이 끊겼던 친구도 있다. 어렵사리 만난 그녀들과 하룻밤을 보내기로 한다. 리조트가 있는 하동호는 극심한 가뭄으로 수면이 장정의 키만큼이나 내려가 있었지만 빙 두른 지리산 자락의 숲은 여상했다. 예순의 나이만큼 살아낸 우리들의 안팎도 들춰다보면 내남없이 다 그러하다.

C는 남편의 부정을 다문 채 산다. 시앗의 머리채 한 번 잡아채 보지 않은 채, 서른 해 아픈 딸을 보듬은 채, 고단한 삶의 한숨소리가 밖으로 새나갈까 단단히 마개를 봉한 채, 순한 심성인 채, 그리 산다.

혼자된 S는 고와서 처연했다. 남편이던 연하의 목사는 재혼하여 아이 아버지가 되었단다. 둘 사이에 아이가 있었다면 달라졌을까? 이십여 년 전 일본 나리타공항에서 익숙한 사투리의 왁자함과 함께 그녀를 만났었다. 남편의 영국 유학이 끝난 데 맞추어 친정 자매들과 유럽을 여행하고 귀국하는 길이라 했다. 그때의 그녀는 희망과 행복에다 목소리를 담그고 있었다. 여름 휴가지는 밤 깊은 줄을 모른다. 밖으로 나간 둘이 카페에 마주 앉았다.

"너는 그 남자가 원망스럽지 않니?"

용기를 낸 내 물음에 그녀는 차분히 답했다.

"사는 동안 너무 극진한 사랑을 받아서 조금도 원망스럽지가 않아."

나는, 그녀의 편안한 얼굴의 이유를 아주 조금 알 것 같았다.

공부를 많이 해서 박사가 된 R은 늦은 나이에 결혼했다. 남편에게는 따로 자란 딸이 있고 그녀의 소생은 없다. 언젠가의 방문에 직접 과일을 깎아 우리를 맞던 남편이다. 내 오랜 친구에게 금전의 여유와 운신의 자유를 후히 허락하는 그녀의 남편이 진심으로 고맙다.

가늘가늘했던 Y는 딱 보기 좋을 만큼 몸이 불어있다. 남편의 목회를 돕는 목사 사모님으로, 두 아들을 목회자로 키우고, 치매를 앓는 시어머니를 돌보며, 구순이 넘은 친정아버지를 위하여 짬을 내고, 요양병원의 친정어머니를 십여 년째 살펴보는 번다한 일상이다. 그럼에도 불구하고 영성이라 할 외는 달리 무어라 표현할 수 없는 평안과 기품이 그녀에게 있다. 그녀 앞에서 '으깬 장미색' 매니큐어를 칠한 내 손톱이 무안했다.

돌아오는 길에 섬진강 강가의 송림에 들렀다. 누구는 봄날 소풍의 기억을, 누구는 교회 수련회의 추억을, 누구는 데이트의 설렘을, 누구는 강에 들어가 갱조개를 잡았던 곳, 모두에게 하나쯤의 역사가 있는 곳이다. 나의 예수쟁이 친구들. 우리는 웃고 떠들었다. 손을 잡고 팔딱 뛰었다. 어젯밤에 우리가 무엇을 이야기하며 쓸쓸해했는지, 누구를 향하여 분노를 뿜었는지, 어떻게 서로의 어깨를 다독이었는지, 그 어떤 일도 없었던 양 깔깔거렸다. 웃음소리가 소나무를 간질였다. 솔잎이 가늘게 흔들린다. 그래, 우리 앞에 놓인 생이 또한 이러하니.

우울을 어르다

재주 많고 아름다운 그녀는 그녀와 도무지 어울리지 않을 우중충한 현실을 마구 쏟아냈다. 쏟아낸 이야기들이 쌓인 낙엽에 뒤섞여 발부리에 차인다. 천년 산사에 가을이 깊어있다. 이렇게 늦가을처럼 나이 든 여자들끼리는 그렇다. 거죽을 다 벗기지 않아도 웬만한 한숨소리쯤이야 척 알아챈다. 아무래도 그녀의 현실은 애저녁에 깨어진 사기그릇 같다. 둘 사이로 음산한 우울이 바람되어 스친다.

수필을 쓰기로 했을 때 맨 먼저 맞닥뜨린 것은 혹은 깊게 더러 얕게 묻힌 상처들이었다. 무의식의 바다에 잠긴 듯도 하고 의식의 바가지에 담긴 듯도 하고 대낮 빨랫줄에 널린 속옷 같기도 한 상처였다. 그것들은 마냥 무례하여 일상의 돈담무심頓淡無心을 깨뜨릴 다행의 순간에도 때를 마다않는 빚쟁이처럼 불쑥 찾아와 우울하게 했다. 눈치 없이 들이닥친 손님처럼 여겼거나 옆구리에 들러붙은 살처럼 구박했던 것들이다. 제발 저 혼자 방문을 열고 문지방을 넘어 밖으로 나가주기를 바랐던 것들이다.

사방을 둘러도 손 짚을 곳 없이 쓸쓸했던 시절이 있었다. 누구와도 공유할 수 없었던 결핍. 돌보지 못했던 그날 상처의 속살. 벗어날 시도도 안 해 본 관계의 굴레. 왜 그랬는지, 시어머니와 함께 혼수이불을 맞추러 갔다. 난데없이 신랑의 키가 얼마냐 묻는 주인한테 왜 궁금하냐 되묻는 시어머니의 음성에 언짢음이 배었다. 이불 기럭지 때문이라며 말꼬리를 낮추는 주인에게 '그냥 하는 대로 만드소.' 그때부터였을까? 시어머니라는 이름이 주는 낯섦을 읽기 시작한 때가. 신랑의 키를 듣지 못한 이불집 주인이 이불을 어찌 만들었는지, 신혼의 이불은 덮을 때마다 기럭지가 모자란 듯 발이 시렸다.

또한 불다 가버릴 바람한테조차 못 꺼내보는 내 엄마와 질녀 이야기. 언제쯤이면 서리서리 그 모든 것들을 부는 바람에 내다 널 것인지. 바람을 따라나서는 상처의 뒷모습을 손 흔들어 배웅할 것인지. 속엣것을 토해내어 되새김하는 소처럼, 쟁인 상처와 연민까지 죄 끄집어내어서는 찧어 으깨고 삭혀 융해시킨다면 한 편 글로 재구성할 수나 있을는지. 쓸데없는 동요로 아무의 심기도 불편하게 하지 않으며, 담담하게 또 잠잠하게 읽히는 글, 한 구절 한 문장에서 위로를 받고, 그러다가 어느 순간 외롭던 마음이 슬며시 데워진다면 더는 바랄 게 없을 그런 만부당한 글로 말이다.

올해도 어기지 않고 먼 데서 온 햇곡이 당도했다. 매번 손끝도 수고하지 않고 앉아서 거저 받는 햇것들에 염치가 없다. 그런데 요새도 가을걷이 끝낸 빈들에서 이삭줍기를 하는지. 아슴한 기억이다마는 시골에서 초등학교를 다녔던 그즈음의 이맘때에는 학교 수업을 일찍 파하고 빈들로 내보내 이삭줍기를 시켰었는데. 늦가을 스산한 바람을 맞으며 까슬까슬한 벼이삭들을 맨손으로 주웠었지. 선생님이 시키는 일이라 요령부릴 줄도 모른 채. 그렇게 모은 그 이삭들은 도대체 어디에 쓰였을까. 그때 가을걷이 끝낸 빈 들에 남겨진 벼톨 하나 영그는 데도 세 번의 계절을 다 보냈다. 크낙한 인생 살아내는 일은 어떠하겠는가. 문패처럼 내다 걸었거나 챙겨봤더니 행복한 그런 날만 있는 것은 아니다. 다 못 셀 우울한 날과 다 못 적을 생채기 난 날과 시간 시간 아팠던 날들이 있다. 그래야 인생도 여문다. 여름 땡볕과 비바람을 견딘 벼톨이 그러하듯 상처를 깎아 다듬으며 살아낸 사람도 뭉근하게 영근다. 상처도 저 혼자 지쳐 아문다.

만물도 침잠에 드는 깊은 가을이다. 나를 들여다보기 마침한 계절이다. 진득하게 울음이 배인 상처를 공그를 일이다. 옹잖은 심사心思를 따독일 일이다. 우울의 크레바스는 빙 돌아 비킬 일이다. 읽다만 버지니아 울프를 다시 읽을 일이다. 수고하지 않은 햇곡으로 하여 감사할 일이다. 그 햇곡에 담아 보낸 염려와 신뢰와 바람이 나를 나이게 했다. 그때 그 의사는 BDI※ 검사 결과를 두고 우울 치료를 권유했었다마는, 이미 무상한 것들.

그녀가 함부로 부려놓고 간 우울을 어르기 위해 좀 걷기로 했다. 한껏 깊어진 가을이 동행한다. 무르익은 가을 냄새가 감돌아 앞선다.

※ BDI: Aaron Beck의 우울척도

한마디면 될 걸

“이모, 나 열심히 살았어요.”

나를 그러안은 그녀의 첫마디였다.

“그래, 수고했다. 지금 좋으니까 다 괜찮아.”

그녀의 등을 토닥이며 내가 한 말이었다. 몇 살 차이도 안 나건만 그래도 이모라고. 아이를 가진 앳된 그녀를 마지막 본 날이 희미하다. 남자와 헤어지고 아이와도 헤어졌단다. 좋은 남자를 만나 다시 결혼했단다. 그 아이를 데려왔단다. 지금은 잘 살고 있단다. 큰언니는 큰딸의 소식을 띄엄띄엄 아껴가며 전했었다. 무슨 죽을죄를 지었다고 외가에는 한 번 내비친 적이 없었던 그녀이다.

"나 정말 열심히 살았어."

긴 이야기를 줄여 마친 그녀는 내 앞에서 손바닥으로 얼굴을 가리고 울었다.

"그래, 수고했다. 지금 좋으면 다 괜찮은 거야."

그녀 앞으로 찻잔을 밀어놓으며 내가 한 말이었다. 간호대학을 졸업한 우리가 night 근무에 지쳐 절인 푸성귀가 되어갈 때, 신데렐라의 구두를 신고 부잣집 며느리가 된 그녀였다. 어느 해에 전화로만 '나 이혼했어.' 한마디 남기고 홀연히 사라졌던 그녀를 삼십오 년 만에야 만난 것이다. 무슨 죽을죄를 지었다고 한국에서는 도저히 살 수 없어 일본으로 갔단다. 지금은 일본인 남편과 연금으로 잘 살고 있다 한다.

"니가 무슨 고생을 했다고."

각설하고, 서른 하고도 일곱 해 동안의 바깥일을 끝낸 나에게 그가 한 말이다. 그간의 노작을 별스레 알아 달라는 것도 아니고. 그래, 수고했다. 그 한마디면 될 걸. 딱한 이 남자는 저도 저 할 일 다 해놓고 저 무심한 말 한마디로 정녕코 변제 못할 천 냥 빚을 진다.

서른일곱 해였다. 시절 따라 사건을 따라 내 곁에 머물렀던 숱한 인연들이 기어코 저만의 흔적을 남기고 떠났다. 돌아보면 미완의 흔적들이고 짚어보면 현현한 인연들이다. 아직은 내 기억 속에 고스란히 퇴적된 채 있는 흔적들이다. 언제일지 그리 멀지 않은 날에 침식되어 사라질 인연들이다. 우선한 인연부터 찬찬히 되짚어 새삼 공손히 매만지며 내가 지었을 말빚을 헤아린다. 그 빚 감당이나 할는지. 가을이 눈치 없이 목직하다.

오페라에의 초대

오페라의 유혹에 한 발을 디딘 날들이 있었다. 〈라 트라비아타〉의 '플로벤자 내 고향으로' 아리아에 빠지고 바리톤 가수에게 빠지고, 오페라에의 초대로 나를 설레게 했던 그 남자에게도 빠졌던 그런 날들이.

오늘 밤, 푸치니 〈마농 레스코〉 오페라에의 초대가 아니었다면 내 지식 창고에서 〈마농 레스코〉는 프랑스 소설가 '프레보데그질'의 소설로만 저장되어 있으리라. 요새 같으면 팜므파탈이라 할 소설 속의 '마농'은 묘하고 매혹적이다. 오페라의 마농은 '일찍이 본 적이 없는 미인'은 아니었다. '사월의 꽃처럼도 영혼을 어루만질 만큼'도 매혹적이지는 못했다. 그녀의 노래는 자주 남성가수들 틈에 묻혔고 기대했던 아리아 '이 부드러운 레이스 속에 싸여'도 제 빛을 발하지 못하였다. 소설 속의 '데그뤼'는 한마디로 쪼다지만 오페라의 데그뤼는 멋졌다. 오래전 베르디의 오페라 〈라 트라비아타〉에서 바리톤 '이득수'를 알았다면, 오늘 〈마농 레스코〉에서는 테너 '차경훈'을 안다. 목소리의 울림이야 당연하거니와 선 굵은 얼굴과 다부져 보이는 몸까지 무대를 채웠다. 일본에서 수학했고, 오사카국제콩쿠르 성악부문 우승, 국립오페라단에서 다수의 작품에 주연한 프로필을 보면서 성악가로서 그가 꿈꾸는 미래를 응원한다.

오늘 밤 오페라에의 초대가 아니었다면 〈마농 레스코〉 지휘자 '오창록'은 3부 예배의 성가대 지휘자로만 저장되어 있으리라. 그 무렵 2부 예배를 드리던 나는 교회 식당에서 설거지를 하다가 그를 알았다. 눈에 확 띄는 양복저고리의 행커치프, 예사롭지 않은 헤어스타일.

"저 사람이 누고?"

"3부 예배 성가대 지휘자 아이가."

그렇구나. 내가 아는 지휘자는 레너드 번스타인, 오자와 세이지, 정명훈, 그도 함께 외양은 모두 펌 헤어이다. 지금의 나는 3부 예배 성가대원이 되어 샤프와 플랫의 음표 앞에서 방황하는 음정을 그에게 들키곤 한다. 공연 후 로비에서 만난 그는 동행들의 치사에 얼굴을 붉혔다. 조금 전 전체 사 막의 대작 오페라를 지휘했던 그를 생각하면 의외이다. 둘러있는 동행들보다 한 걸음쯤 뒤의 나는 미소로만, 말은 머뭇거렸다.

공연장 밖을 나서니 저녁 바람이 선들거린다. 목에 두른 머플러가 아니라면 짧은 소매의 내 옷차림이 눈에 날 만하다. 가을이다. 옛날을 불러들이는 어김없는 계절, 소환되는 모든 것들이 단풍잎처럼 물드는 계절, 채색된 기억들을 쓰다듬어도 보는 계절, 묵은 그리움들이 슬몃 고개를 드는 계절. 이 생량머리에 내민 오페라에의 초대는 묵직하게 나이 든 나를 잠시 잊게 했다. 파릇하니 고왔던 스물로 되돌아가게 했다. 수줍음으로 손끝이 떨렸던 그때를 떠올리게 했다. 근원 모를 슬픔과 천적 없는 쓸쓸함으로 오래 창가에 서 있던 한 날까지도 생생하게 했다.

한사코 마다하는 동행을 집까지 태워다주고 돌아오는 밤이 깊다. 주차장에 차를 대고도 얼른 집으로 들어가지 못하고 아파트 마당으로 걸어 나갔다. 맞춤하게 놓여있는 긴 나무의자에 앉았다. 도시의 밤은 푹 어두워지는 법을 잊은지 오래다. 설익은 밤 어둠 속에서 얼쑹얼쑹 옛날의 상념이 저 혼자 요동할 뿐 사방이 잠잠하다. 초가을 밤바람도 차분하니 무슨 소요도 없다. 건듯 한차례의 건들마가 어깨를 스친다. 어디선가 제르몽이 알프레도의 어깨를 감싸 안으며 부르던 노래가 실려 온다. '아들아, 플로벤자의 밝은 해와 바다와 하늘을 잊었느냐? 플로벤자 내 고향으로 돌아가자.' 잠시 마실을 나갔던 마음이 황급히 귀가했다.

이윽고 나무의자와 멀어져 걸었다. 플로벤자보다 아늑한 나의 예순과 플로벤자보다 익숙한 나의 지금을 향하여 걷는다. 천천하고 선명한, 내 발 딛는 소리를 듣는다.

논두렁이 기가 막혀

이 나이에도 추석 명절을 편히 보낼 친정이 있다는 것은 낙낙히 행복할 일이다. 그것도 내가 나고 자란 고향집에서 말이다. 메뚜기와 얼룩무늬 토종개구리를 보고, 나비 옆에 사픈 나비처럼 앉아도 보고, 근방인 북천의 코스모스 메밀꽃 속에 묻혀도 보고, 새로 놓인 노량대교에서 사진을 찍었다. 산달이 가까운 며느리네는 오지마라 하고 남편은 교회의 다문화 캠프를 떠나고 작은아들과만 동행한 좀체 드물 나들이였다.

남해안고속도로를 벗어나 선거다리를 건너니 너른 들

판에는 벼가 여물 준비를 하고 있다. 마을사람들이 '간사지'라 부르는 이곳은 간석지에 방둑을 쌓고 바닷물을 막아 조성한 둑논이다. 얼마나 너른지 하동군과 인접한 사천군까지 이곳에서 벼농사를 짓는다. 간사지를 만든 분의 공적비가 저기 산 밑에 있는데, 그 아들 중에 나와 초등학교 동창이 있다. 긴 방둑의 바다 쪽으로 끝에는 활터가 있고, 산 쪽으로 끝에는 저수지가 있다. 활터 너머 도래섬은 초등학교 때 소풍을 갔던 곳이다. 물때를 맞추지 못하여 섬에 갇힌 채 물 빠지기를 기다리며 친구들이랑 노래를 불렀다. '아침바다 갈매기는 금빛을 싣고 고기잡이배들은 노래를 싣고' 별안간 노랫말이 생각나서 시큰하다. 산 쪽으로 끝의 저수지 둑길을 걸어 처음 초등학교에 갔다. '저 논이 막내오빠 논이다.' 그때 중학생이었을 막내오빠의 논을 지나 학교에 다녔다.

며칠 전 일이다. 추석에 갈 거라는 내 기별에 큰올케언니는 기어이 전화를 했다.

"동숭이 온다 하니 내 맘이 이리 좋다."

그녀에게는 늘 말꽃 향기가 그윽하다. 그것이 그녀의 천심이며 본심인 것을 나는 안다. 이번만이 아니다. 자주 '엄마가 있거니' 하라며 내 기분을 토닥거린다. 나는 드러내어 말한 적은 없어도 그리 여기며 산다. 오래전 그날부터였을 것이다. 남편과 신행을 갔던 날, 방안에 앉은 큰오빠는 대청마루에 선 신랑신부에게 큰절을 하라 일렀다.

"맏이는 부모 맞잡이니라."

그 후로도 큰오빠는 부모 맞잡이로서 다함이 없고 남편은 그런 큰오빠를 꾸밈없이 존경한다. 사는 동안 먼지처럼 무수히 서운한 것들이 쌓임에도 내가 남편을 고마워하는 것 중 한 가지이다.

큰아들이 근방에 있는 특전사 부대에서 군복무를 할 때는 엄마인 나도 못 했던 면회를, 큰오빠네 가족이 소풍처럼 가주었다. 부대 안 계곡에서 싸간 점심을 먹었고 매점에서 사 먹은 팥빙수가 무척이나 맛났다고 전한다. 그때의 또 한 사건을 잊지 못한다. 대민 봉사를 나간 아들이 태풍으로 찢겨나간 비닐하우스를 걷다가 손이 낯설어 그만 쇠꼬챙이에 허벅지를 찔린 것이다. 치료를 받았어도 더운 날씨에 군복 안의 상처가 곪았다. 군의관은, 패혈증의 위험이 있으니 항생제 연고 이름을 써주며 사오라 했다. 연락을 받은 나는 부대 가까이 있는 질녀에게 부탁했다. 근무 중이던 그녀가 급히 부대로 달려가 주었다. 두고두고 질녀에게 고맙다. 그리고 화가 난다. 나는 세금을 내다가 내다가 벌금까지도 내었는데 이 나라는 군복무 중인 병사에게 패혈증 연고까지 밖에서 사다주어야 하는가.

올 추석은 예전과 좀 다르다. 명절 차례를 마지막으로 지낸다고 한다. 마음따라 손까지 푸짐한 큰올케언니는 여든이 넘어 명절 차례음식 준비가 힘에 부친다. 사십여 년 동안 명절과 제사를 돕던 막내올케언니, 평일의 제사 때도 거르지 않고 와서는 새벽에 시골을 나서서 도시의 학교로 출근하던 질부, 가까이 있어 큰일마다 제 엄마를 거드는 질녀까지. 들먹이자니 가슴이 먹먹해지는 이름이다. 그들이 있어 내 고향집은 늘 풍요롭고 따듯하다. 마지막 차례라 하여 그간 뒷전에서 음식만 날랐던 며느리와 손부, 증손녀들까지 다 절을 한다. 저승에 간 지 반백년이 되는 우리 엄마 아부지, 이제는 기일에만 오고 명절에는 그곳에 정붙이고 지내시라고.

산소에 갈 참으로 마당을 나서니 바깥채 처마에 마늘이 매달려있다. 저기 매달렸던 것이 어디 저뿐이었나. 메주며 시래기, 토란대, 곶감, 하늘수박, 치자, 개구리, 지네까지 바싹 마른 채 새끼나 실에 꿰어 드레드레 매달려있었다. 침을 흘리던 어린 조카들은 말린 개구리 삶은 물을 마시고는 침을 흘리지 않았다. 지네를 처음 본 내 큰아들은 '우리 외갓집에는 지네도 있다.'라며 자랑을 했다. 그 아이는 유난히 외갓집을 좋아했다. 언제던가 지인들과 시골길을 지나다 마침 거름 냄새가 훅 풍겨오자 소리를 질렀다.

"와! 우리 외갓집 냄새다."

"니 외갓집에는 똥냄새가 나니?"

누군가의 물음에 일행이 크게 웃었던 적도 있다. 그와는 달리 작은아들은,

"나는 외갓집이 싫어! 엄마는 이리 젊은데 할머니라 부르고 나는 이리 어린데 삼촌이라 하고."

떠올리자니 매번 가슴이 무지근해지는 내 아들들이다.

엄마 무덤에는 빙 둘러 차나무가 심겨있다. 배꽃 같았던 울 엄마, 차나무 꽃이 피거들랑 부디 꽃향기를 맡으소. 숙

였던 고개를 드니 여상시리 푸르른 산이다. 큰골 작은골. 저 큰골에서 소를 먹이던 머슴애들이 산꼭대기의 미군에게 간스메를 얻어먹던 날도 있었다. 작은골에는 밭이 많았다. 귀한 수박밭도 있고 밭 울타리의 산딸기나무에 빨갛게 산딸기가 익은 밭도 있었다. 큰골과 작은골 골짜기에서 내려온 물은 한데 모여 도랑을 이루고 저 아랫담으로 흐른다. 앞산을 낀 도랑을 따라 긴 방천에는 봄이면 삘기가 지천이고 가을볕 아래서는 누런 호박이 게으르게 누워있다. 방천 띄엄띄엄 수멍이 있는 논구덩에서 살찐 미꾸라지를 잡았다. 엄마는, '산물은 먹어도 논물은 먹으면 안 된다.' 나중에 시집가서 개구리 알을 밴다며 겁을 주었다. 부룩을 한 콩 줄기를 피해 조심조심 발을 딛던 논두렁길. 한겨울의 깡깡 언 무논에서 나무 썰매를 타던 시절도 있었다.

유년의 나는 큰골 작은골 앞산도 집 앞의 논들도 다 우리 것인 줄 알았다. 간간이 차들이 들어온다. 그 차들이 낯설어 보이는 건 나 혼자만인지.

"우리 산에 남의 묘도 있어요?"

내 물음에 막내오빠는 '그 옛날 한밤중에 몰래 묘를 썼던 사람들'이라 한다. 하기사, 남편이 경찰이었다는 춘자네 고모의 생뚱맞은 서양 집도 여러 해가 지나니 낯익어졌다. 그렇지만, 논두렁을 무지른 저 공장의 무례함은 도저히 용서할 수 없다. 큰골에서 바라보면 산과 마을 사이의 논으로 아랫담까지 뻥 뚫려있다. 그 중간에 논과 논두렁을 싹둑 잘라 공장을 지은 것이다. 오빠들은 혹 마을에 내놓은 논이나 밭은 사들인다고 하지만, 치매를 앓는 집안 아재의 아들이 부도를 내고는 몰래 경매에 넘긴 논을 외지 사람이 샀단다. 버섯 재배를 한다든가. 식구들이 저마다 한 마디씩 군담을 했다. 논 한가운데다 공장을 짓도록 허가 해준 공무원을 탓했다. 나는 군의원인 동창까지 들먹였지만 큰오빠는 동네를 시끄럽게 하고 싶지가 않다며 손사래를 젓는다.

미국의 요세미티 국립공원을 여행한 지가 삼십 년이 되어가니 지금은 어찌 변하였는지. 그때 그곳 화장실은 저쯤 멀찍이 나무에 가려져있고, 기념품 가게는 작은 나무다리를 건너서 딱 한 곳, 입구에는 간판도 없었다. 하와이 킬라우에아 화산에서는 땅에서 뿜어 나오는 더운 김을 쐬면서 한 차례 스콜 맞은 으스스함을 털어야 했다. 누군가가 '여기서 오뎅 팔면 대박 난다.'하여 웃었다. 그뿐인가. 몇 해 전에 다녀왔던 메사추세츠 주 콩코드의 헨리 소로 오두막 집은 백칠십여 년 전 그대로라고 한다. 모르긴 해도 월든 호수가 내 사는 나라에 있었다면 그 옆에 호텔 두어 개 쯤은 세워져 있지 않을까?

자연보호니 환경오염이니 거창하게 말하고자 함이 아니다. 아무리 하여도 이 고즈넉한 시골 마을 논 한가운데 공장은 참말로 상스럽지 않은가. 아릿한 고향 냄새에 취해 담뿍 향수에 젖다 말고 애먼 논두렁도 나도 그만 기가 막힌다.

뜨거운 키스, 마지막 키스

이른 나이에 남편을 잃은 여학교 동창의 이야기이다. 화장이 진행되는 동안 동행한 친구들도 울었다. 내내 서럽게 흐느끼던 그녀가 화부에게 한 부탁이다.

"아저씨, 수굼포에다 턱뼈 좀 담아 주이소."

난데없는 청을 화부는 거절하지 않았다. 황당하긴 하지만 남편을 잃고 슬퍼하는 젊은 부인이 안돼 보였으리라. 턱뼈인지를 삽에 담아 장갑 낀 손으로 건넸다. 남편의 뼈를 받아든 그녀가 얼른 입술을 대다 말고 소리를 지른다.

"앗 뜨거!"

실로 뜨거운 키스였다. 방성대곡까지는 아니더라도 이제껏 함께 울어주던 친구들이 그만 박장대소를 해버렸단다.

그날 동창모임의 수다거리 중에서 단연 히트였다. 이제쯤은 그런 일로 깔깔거린다고 하여 어느 누가 남사스럽다 나무라지도 않을 나이. 한 친구가 웃음기 흥건한 채로 말했다.

“그리 멋진 친구가 누고? 동창 밴드에 사진이라도 좀 올려놔라.”

나는 집에 돌아와 샤워를 하면서 웃었다. 졸지에 남편을 보내고 망연했을 그녀에게는 더없이 미안한 짓이지만 러닝머신 위에서 혼자 실실거렸다. 성가 연습을 하다가도 웃음이 새어나와 손으로 얼굴의 반을 가리고 딴청을 부렸다.

남녀 간의 키스는 사랑의 시작이자 황홀이며 완성이다. 구스타프 클림트는 그의 그림 〈키스〉에서 사랑하는 연인 에밀리에를 끌어안고 볼에 키스하고 있다. 두 눈을 꼭 감은 여인의 표정과 온통 황금빛의 색채가 사랑의 몽환을 느끼게 하는 명화이다. 오스트리아 빈 거리의 구스타프 클림트 기념가게는 입구와 간판만이 아니라 엽서, 액자, 손수건, 머플러, 가방, 우산 등이 내 눈에는 죄 키스로만 보였다. 기어이 황금색 몽환의 키스 머플러를 목에다 두르고 키스 간판을 배경으로 사진 한 장을 남겼다. 몇 해 전에 있었던 서울미술관의 키스 그림 전시회 '러브 액츄얼리'를 관람하지 못한 것은 못내 아쉬운 일이다. 제주도의 신영영화박물관에는 영화 속 키스 명장면만을 모아 상영하는 코너가 있다 한다. 키스가 로망이고 구원이고 예술인 때문이리라.

영화 속 키스의 명장면은 두고두고 회자된다. 영화감독들은 아주 특별한 키스신을 찍기 위해 궁구할 것이다. 우리나라 영화에서 최초로 키스신이 나왔다 하여 1954년에 제작된 〈운명의 손〉을 어렵게 찾았다. 옛 은막의 윤인자, 주선태 두 배우도 그러려니와 그때의 키스 장면을 보기 위해 이제나저제나 했다. 몇 번인가를 할듯할듯 뜸만 들이더니 딱 한 번, 더할 나위 없이 맹맹한 짧은 키스를 끝으로 여주인공은 죽고 흑백 화면 가득 '끝'이라고 쓰여 있다.

〈만추〉에서의 현빈과 탕웨이는 2분이 훨씬 넘는 키스신을 찍느라 입술이 퉁퉁 부었다는 후문도 있다. 〈건축학개론〉에서는 첫사랑에 빠진 친구에게 키스하는 법을 설명하는 조정석의 연기가 발군이다. 정작으로 이제훈은 그의 어깨에 기대 잠이 든 배수지에게 바르르 떨며 고개를 돌려 겨우 첫 키스에 성공한다.

영화를 좋아하는 사람들이라면 오래전 영화 〈시네마 천국〉을 기억할 것이다. 유명 영화감독이 된 토토는 영상 기사였던 알프레도의 사망 소식을 듣고 고향을 찾는다. 곧 철거될 극장은 어린 토토와 어른 알프레도와의 잊을 수 없는 우정의 장소이다. 극장을 둘러보던 토토는 영사관에서 낡은 필름을 발견한다. 알프레도가 토토에게 남긴 선물이다. 필름은 마을 신부님에게 사전 검열되어 상영되지 못했던 키스신들을 모은 것이다. 이 영화를 보던 그때의 나는 분명 '남자와 여자가 일 미터보다 가까이 있는 영화는 절대로 보면 안 된다.' 했던 여학교 때의 교장선생님을 떠올렸을 것이다. 어른이 된 토토는 화면 가득히 배우들의 키스를 보면서 웃다가 울다가. 배우 자크 페렝의 클로즈업된 얼굴이 영화의 마지막 장면이다.

여하간, 그 여학교 동창은 뜨거운 키스를 마지막 키스로 하여 남편과 작별하였다. 언제까지나 눈 안에 남을 영화 〈타이타닉〉에서의 한 장면이다. 배가 침몰하기 시작하자 노부부는 다른 사람에게 구명조끼를 양보하고는 침대에 눕는다. 서로 안은 채 다가올 죽음을 기다리며 마지막 키스를 나눈다. 나에게 첫 키스의 생생한 추억을 이야기해 준 친구가 있다. 나의 첫 키스는 어디서였던가? 강변의 서덜에서였는가. 집 앞 골목의 담벼락 옆에서였는가. 이토록 무뎌 찐맛 없는 에로스로는 마지막 키스를 들먹이기조차 만무한지.

: 삶과 성의 충동인 '에로스'와 죽음의 충동인 '타나토스'. 인간의 사랑은 죽음까지 이르러야 진정한 본질이 드러난다고 한다. –조용훈 <에로스와 타나토스>에서

우리의 매력 중 하나는 나이

좋다. 그대들과 나, 오늘 밤이 그러하다. 그곳 '파라다이스' 이름까지도 그렇다. 근심 걱정 없는 곳이라니. 구족具足한 L은 예나 지금이나 우아하다. 명품이 어울린다. 그녀가 명품이다. 오늘 밤만은 까칠한 나조차도 포시럽다. 나는 특별한 날에는 아이섀도를 칠하곤 하는데 오늘이 그런 날이다. 교장선생님이었던 J는 둘 사이의 침묵을 어르느라 분주하다. 일부러, 생일날에 남편이 선물했다며 목걸이를 자랑한다. 선드러진 그녀가 오늘따라 돋보였다.

알맞게 깊어가는 계절이 좋다. 고향집 곡간에도 지금쯤

은 가을한 것들로 가뜩할 터이므로. 두툼한 스테이크는 가운데가 불그스름하다. 서툴지 않은 칼질이지만 말도 잘 듣는다. 육즙이 입안에 고였다가 흔감하게 목으로 넘어간다. 에스프레소와 함께 따로 뜨거운 물을 담아내는 바리스타는 잘생기고 상냥했다.

"뜨거우니 조심하세요."

건너편 테이블에 젊은 부부와 어린 딸 둘이 있다. 서너 살쯤 되었을까. 자꾸 눈이 간다. 나도 이제 할머니가 되었다. 록사가 저만큼 크면 이곳에 데리고 와야지. 그 아이는 정말 사랑스러울 것이다. 생각만으로도 훔훔해진다.

창밖으로 해운대의 밤바다가 얼비친다. 유리창이 대형 그림액자 같다. 가끔 그러했듯이 거실 한쪽 벽에 복제품이 아닌 커다란 진짜 그림액자를 거는 상상을 한다. C수필가는 우리 아파트의 한 입주민이 화가인 그녀 남편의 그림을 가지고 있다 했다. 값이 상당할 것이다. 그러니 나에게 집안에서의 진짜 그림 완상은 그저 상상일 뿐이다. 잠시 J가 자리를 비운 사이 L이 말을 건넨다.

"마치 어제 만난 것처럼 편안하군요."

오늘 밤을 위해 먼저 손을 내민 쪽도 그녀였다. 듬쑥함으로 줄을 세우자면 그녀는 내 앞줄, 그 앞줄의 앞줄에 있다.

"지난날들이 그리웠어요."

나는 그녀의 눈을 보며 말해놓고 좀 머쓱했다. 심중의 말인 것을 그녀가 몰라준대도 괜찮다. 말을 잃어버린 것처럼 침묵하다가 이렇게 다시 말을 찾아 잇는 것도 서로에게 맡겨진 생이 아린 탓이다. 사연이 무엇이었든 매몰찬 생 하나가 던진 돌팔매에 야무지게 맞은 것이다. 눈곱만큼도 그간의 소원함을 내색하지 않는 것은 못내 그리웠던 때문이다.

햇수로 꼽자니 다섯 해가 지났다. 다섯 해 그전까지 우리는 같은 교회에 다녔다. 함께 예배하고 기도하며 기독교강요基督教綱要를 배웠고, 봉사의 기쁨을 공유하며 장차를 위한 소망을 나누었다. 일상의 우선순위는 바르고 단정하며 영성이 충만했다. 그러던 그해였다. 교회의 느닷없는 소용돌이에 마구 휘둘렸던 날들. 무성한 말들. 무정한 말들. 우리 사이에 빙렬이 생겼다. 걷잡을 수 없이 번

진 빙렬은 기어이 모든 관계를 조각내었다. L이 교회를 떠났다. 남아있는 나는 오랫동안 시도 때도 없이 도지는 어지럼증을 앓았다. J와도 소원해졌다. 습관이던 우선순위는 비끌어졌고 교회를 위한 열정은 매가리를 잃었다. 떠나고 싶었으나 떠날 수가 없었다. 나에게는 한 번 교회를 떠나온 경험이 있다.

작은 교회였다. 목사님은 군주처럼 지엄했고 성도들은 어질었다. 한 성도가 담임목사의 눈에 났다. 담임목사는 공회에서 대놓고 그를 험담했다.

"박사? 내가 파리 뒷달가지를 연구하는 박사를 아는데, 평생 파리 뒷달가지만 붙들고 살아서 아는 기라고는 파리 뒷달가지 뿐이라요."

웅성웅성 성도들이 그에게 물었다.

"혹시 곤충 연구하세요?"

속이 너그럽지 못한 나는 파리 뒷다리에 멀미를 했다. 그렇게 그 교회를 떠나왔다.

다섯 해 전에 떠난 L은 터 좋은 곳에다 전원교회를 개척했다. 봄이 되면 어깨에 얹힌 벚꽃잎을 털며 예배당으로 들어가고, 예배가 끝나고 이번에는 머리에 벚꽃비를 맞으며 집으로 간다고 한다.

오늘 밤, 뚝 분질러져 있던 우리들의 시간을 이었다. 스산했던 그간의 궤적들을 지르밟았다. 가을국화를 뜯어 흩은 듯 은행잎이 내려 쌓인 듯 노랗게 한벌 이음매를 덮었다. 문득, 메릴 스트립이 주연한 영화 〈사랑은 너무 복잡해〉의 한 대사가 떠오른다. '당신의 매력 중의 하나가 나이예요.' 그래, 오늘 밤에는 나이까지 좋다. 우리에게 또 하나 매력이 늘었다.

내 생일에는 나에게 애틋하다

내 생일에 나는 나에게 애틋하다. 어느 한 해는 여느 해보다도 더 애틋하였는지 챙기기보다 거르기가 일쑤이던 생일을 특별하게 챙겼다. '오늘은, 오십 몇 해인지 나의 생일이다. 남아 있는 날은 보낸 날보다 적다. 무심히 보내기에는 아까운 나의 날이다. 이제부터 생일에는 나를 축복하고 사랑할 것이다.' 그렇게, 새로 산 성경책의 속지에다 적었다.

누구에게도 꺼내지 않았고 꺼낼 수도 없었다. 유년을 아무리 더듬어도 생일상을 받아 본 기억이 없다. 바로 위의 언니와 그 바로 위의 오빠가 그네들의 생일상에 놓인 조기 한 마리를 두고 네 것이 크니 내 것이 작니 티각태각을 할 때도, 장조카의 생일에는 따로 찹쌀시루떡을 먹으면서도, 소반에다 정화수를 떠 놓고 손질한 볏짚 서너 오라기를 걸쳐서 큰방 윗목에다 해 저물 때까지 두고는 그 앞에서 비손하는 엄마를 보면서도, 어인 일인지 나는 나의 생일에 대하여 아무 의문이 없었다. 나에게만 주어진 당시로는 흔치 않았던 호사 때문이었을까.

큰방 농 위에는 내 모가치의 원기소 약통이 따로 있었고, 마당에는 약단지가 끓고 있었으며, 내 앉은뱅이책상 위에는 들꽃이 꽂혀 있었다. 어느 겨울의 한 날이던가. 찬물로 양말을 빨다 말고 시린 손에 입김을 불며 방으로 들어갔다. 빨개진 손을 본 엄마는 방문을 열어젖히고 불같이 화를 냈다.

"집에 여자가 몇인데 애 손을 찬물에 담그게 하느냐!"

나중에 언니들이 내 머리를 쥐어박았던 사건이다. 굼벵이도 뛰어가고 부지깽이도 일어나 일을 거든다는 바쁜 농사철에도 하다못해 물심부름 하나 시키지 않았다.

여학교를 다니던 시절, 교문을 나서면 양옆으로 죽 기와집이었다. 어느 여름날의 하굣길에 그녀가 그녀의 집에 가자 했다. 반 친구 여럿과 함께 제법한 집의 대문을 들어서니 한참 너른 마당을 지나고 또 툇마루가 길었다. 한복차림의 엄마가 미숫가루를 내왔다. 얼마큼의 세월을 보낸 뒤에 그녀는 촌수로 나의 질부가 되었으며 지금은 같은 도시에 산다. 한 날의 여학교 동창모임에서였다. 그녀가 시이모 뻘인 나에 관하여 길게 말을 늘였다.

"옛날에 우리 시아버지가 처숙부 댁에 세배를 갔는데 숙모가 자꾸 등 뒤로 뭘 감추더라 하대. 숙모님 그게 뭡니까? 하고 물어도 말을 안 하더라 해. 알고 보니 그게 재였다."

그래, 그게 나였다. 이미 첫딸을 출가시킨 엄마가 등 뒤로 감추어야만 했던 삐가리 같은 늦둥이, 바로 나였다. 그녀의 시아버지는 엄마에게 손 아픈 맏동서의 맏사위이다. 내 친정 집안 맨 큰언니의 며느리인 그녀와, 집안을 통틀어 맨 막내인 나는 여학교 동창이다.

결혼하고 맞는 첫 생일이었다. 퇴근 시간에 맞추어 집으로 오겠다는 언니의 연락을 받았다. 그제야 내 생일인

걸 알았다. 늦은 저녁에 큰올케언니와 막내오빠와 언니가 왔다. 집에는 아무도 없었다. 같은 도시에 사는 언니를 빼고는 결혼 후 처음 만난다. 나를 보러 멀리서 왔다. 아침에 미역국은 먹었느냐는 물음에 아무 말을 못 하였다. 음력 시월이었다. 그다음 달이 산달이다. 불룩한 배가 부끄러웠다. 큰올케언니는 몸 풀고 나서 끓여 먹으라며 미역과 참기름과 따로 돈 봉투를 내밀었다. 시누이 집 이사를 도우러 갔던 시어머니가 들어왔다. 어색하게 맞절을 마친 시어머니는 시누이의 전화를 받고 도로 나갔다. 친정 식구들을 그리 보내고 그날 밤 나는 소리를 죽이며 울고 또 울었다. 그로부터 삼십 년이 지났다. 제목이 '로뎀나무 아래서'이던가, 나의 첫 생일에 책을 선물했던 대학생 시동생이 그새 머리칼 희끗한 중년이 되어서는, 호수가 보이는 고급 레스토랑에서 나의 예순 생일을 축하해 주었다. 그것으로 그만 다 되었다.

내 생일에는 유독 나에게 애틋해진다※. 내 손으로 끓인 미역국은 늘 허기지다. 엄마는 왜 막내딸의 생일상을 차려주지 않았을까? 여자가 첫 생일상을 못 받으면 시집온 날 큰상도 못 받고, 자식에게 환갑상도 못 받고, 죽어서는 꽃상여도 못 탄다고 그리 말만 하고서는. 어언간 세 번의 상床이 죄 무산된 생을 돌아보며 오줄없이 울먹하다.

※ 김나현 <겸상의 추억>에서 따옴

겨울, 사랑을 했다

대문이 저만치 보이는 골목길에서 선뜻 안으로 들어서지 못하고 한번쯤은 서성여보거나, 어느 날 강가에서 잔잔한 물비늘의 이동을 한참동안 바라보거나, 꽃무늬 찻잔에 반쯤 남은 커피를 가만 들여다보거나 그렇게 아무한테 들키지 않고 회억하는 것. 고요한 나를 발견하는 것. -〈사랑을 했다〉에서

메별

얄미운

이천 원

미투 공감

속천항에서

사랑을 했다

고지골 시인에게

阿Q와 첫눈과 나

"그래, 팔은 안으로 굽지."

작가수첩, 수필에 자맥질하다

몌별

온통 붉은 사진 한 장 때문이었다. 벌겋게 물든 바다와 하늘과 그 경계에서 타는 햇귀. 달리 말이 없으니 일출인지 일몰인지조차 모른 채. 망아의 일순간. 시선을 타고 들어온 붉은 바닷물이 심장의 피와 섞여 전신을 붉혔다. '붉다'를 잇는 다음은 필시 '유혹'일 터. 무어 확답도 없이 바삐 길을 나섰다.

막상 당항포의 일몰은 시시했다. 순천만의 장엄함과는 한참 멀다. 채석강의 홀림도 다대포의 아련함도 아니다. 색도 힘도 반이나 잃은 햇발은 쓸데없이 길어 성가시기만

하다. 썰물로 갯감이 된 개펄에 조개껍질만 듬성하다. 저만치 나앉아서 해안도로와 멀어진 바다가 겉만 불그스름하여 아쉬운 일몰의 면치레를 한다. 열린 차창으로 물바람이 좀 낫다.

죽 이어진 해안길의 상수리나무들이 헐벗었다. 다옥했을 산자락도 수척해지고 한 계절 내내 살피꽃밭의 꽃들을 사열했을 고샅길도 허허롭다. 가을이 깊다 못해 그만 늙어있다. 늙은 가을을 보는 것은 현란한 백화점 거울에서 붉은 기氣 가신 내 얼굴 만난 만큼이나 짠한 일이다. 얼른 길가 카페로 들어갔다. 횟집과 카페가 붙어있다. 기다렸다는 듯 실비 바르탕의 노래가 빈 카페를 메운다. 뜻밖으로 〈라마리짜 강변의 추억〉. 시골 한적한 바닷가 이곳에서 그 추억의 노래를 듣다니. 노래가 다 끝날 무렵에야 주인이 나타났다. 옆의 횟집에서 일하다 온 차림이다. 능숙하게 커피 한 잔을 뽑아낸다. 잠깐의 생선 비린내 걱정을 덜었다.

때로, 별거 아닌 것들을 별거처럼 기억해내곤 한다. 남편의 표현에 의하면 '아무짝에도 씰데없는 것'들만 기억하는 것이다. 가끔은 스스로에게 놀라기도 하는 것이, 평소에 따로 마음에 두는 것도 아니거니와 생전 한 번 짚어 본 적도 없던 과거의 어떤 일들이, 어쩌다 그와 맞갖은 상황을 만나면 별안간 영상을 보는 듯 생생하게 재생되는 것이다. 물론 모든 사람들이 가지는 선택적 사고selective thinking가 내게도 엄연하겠지만 어떻든 그렇다. '망각은 신의 배려.' 잘생긴 도깨비가 나오는 TV 드라마의 대사 한마디가 귀에 꽂힌다. 잊히지 않는 기억으로 솔가울 때는 신의 배려가 아쉬울 따름이고, 그 기억이 내 글의 질료가 되어 줄 때는 신의 배려가 되레 두려울 뿐. 지금도 그 갈팡질팡한 양가감정ambivalence을 양손에 들고 신 앞에서 불온하게 저울질하고 있다.

군 복무 중이던 큰아들이 상병쯤 되었을 때이다. 갓 입대한 병사의 아버지가 보냈다는 편지를 보여주었다. 겉봉의 주소가 부산의 구포 어디이다. 군에 간 아들에게서 선임병이 동향이라는 말을 들었음이리라. 아들을 잘 부탁한다는 손글씨가 세로로 줄이 그어진 편지지 두 장을 꽉 채워있다. 어떤 날에 어떤 맞갖은 상황이었는지, 나는 목소리까지 촉촉해져가며 그 편지 이야기를 들먹였다.

"엄마, 수필 말고 소설 쓰는 게 어때요?"

큰아들은, 무슨 이등병의 편지도 아니고 병사의 아버지가 왜 자기에게 편지를 썼겠느냐며 퉁바리다. 나는, 그토록 감동적인 사건을 기억조차 못 하는 내 아들을 생경히 여길 새도 없이 새 며느리 앞에서 체면이 안 섰다. 남편도 한통속이다. '씰데없는 말 꺼낼 때부터 그럴 줄 알았다.'

기억하여 간직하는 것으로 치자면 감히 당항포에 비할까. 이곳의 해전에서 왜적과 싸워 이긴 명장을 사백 년이 넘도록 고이 기억하고, 먼 소가야의 고분들을 양지바른 곳에 두어 돌보며, 그보다 오래고 낯선 백악기의 공룡 발자국도 여태 간직하는 당항포, 그러는 그대가 행여 나 다녀간 흔적을 기억해 줄 터인지.

나는 내 기억을 사랑한다. 시간에 잘 절여져 숨죽인 기억들, 미색으로 덧칠하지 않은 날것들, 흑백사진처럼 고요한 것들, 내 글의 질료가 될 숙명의 때를 기다리는 하염없는 것들을. 오늘 또 하루의 기억을 저장하여 숙성시킨다. 온통 붉은 사진 한 장의 유혹, 당항포의 시시한 일몰, 물바람, 수척한 산자락, 늙은 가을, 빈 카페의 그때 그 샹송. 별

거 아닌 것들이 별거되어 그득하다.

깝북 해가 졌다. 박모의 어스름에 그대는 왜 내 얼안에서 서성이는지. 나는 왜 떠나야 할 곳에서 지칫거리는지. 당항포와 작별한다. 함께 떠나는 자동차의 걸음도 천천하다. 몌별이다. 소매를 부여잡을 못내 아쉬운 인연이다. 살아있는 한은 그러하려니. 그대 잘 있으오. 기약은 못하나 살다보면 어느 때 일출을 보러 올 날이 또 있을는지.

생은 이렇게 매 순간이 몌별이다.

얄미운

쓱, 고개를 돌리며 나를 지난다. 잘 다듬은 얼굴, 차려입은 맵시, 나란히 걷는 아카데믹 남편까지, 무엇 하나 빠진 데 없는 그녀의 프로필이다. 등을 곧추세운 걸음걸이까지 어엿하다.

예기치 않은 상황과 맞닥뜨린 나는 잠깐, 그 낯섦에 당혹했다. 일체의 사고思考를 정지시킨 채 몇 발자국을 걸었다. 등 뒤로 저만큼 멀어졌을 그녀와의 거리가 가늠된다. 공간이 확보되었다. 멈추었던 사고가 움직인다. 움직이는 사고는 말이 되고 글이 된다. '거참, 얄궂다.' 서슴없는 내

속말이었다.

일찍이 선비의 글이라 일컫던 수필에서 결코 선비답지 못한 서술이다마는, 한때 '얄미운 년'이라는 우스갯소리가 있었다. 일테면 십 대의 얄미운 년은 얼굴도 예쁘고 공부도 잘하는 년, 이십 대의 얄미운 년은 성형했는데 티도 안 나는 년 등등이다. 또래끼리 있음직한 전형을 긍정하면서도 샘낼 수밖에 없는 무구한 속성, 담론이라 해도 됨직하다. 최근에 새로 칠십 대의 얄미운 년이 나타났는데 바로 '내 앞에서 팔짝 뛰는 년'이란다. 나이 탓이런가. 생각하고 말 것도 없이 여럿 들먹인 그중 공감이 된다. 너나없이 무릎관절의 퇴행으로 심란해진 이들 앞에서 보란 듯이 팔짝 뛰었으니 얄미워도 예사 얄미운 년이 아니다.

믿든 말든 얄미운 년이 되어 있었다. 부잣집 딸도 아닌데다 별로 예쁘지도 않은 시골뜨기가 어떻든 잘난 남편을 만나고, 그리 똑똑해 보이지도 않건만 아들은 S대학교에 다니고, 문학 전공도 아니면서 글 쓴답시고 나부대더니 그새 수필집을 두 권이나 냈다 하고, 더 얄미운 건 안 그런 척하면서 슬쩍슬쩍 잘난 척을 하니 말이다.

그대들은 모른다. 나의 사유가 밤마다 얼마나 위태하였는지를. 나의 자아는 태풍경보 앞의 부실 간판이었음을. 나의 일상은 물위 우아한 백조의, 물아래 쉼 없이 분주한 물갈퀴였음을. 나는 물위의 세상에 자주 주눅들어 오그렸다. 좋은 대학을 나온 사람 앞에서 기죽었고, 잘난 남자 앞에서 움츠렸고, 시집 식구들 앞에만 서면 서툴렀다. 김치 잘 담그는 그미들을 우러르고, 머리숱 여전한 그미를 불버하고, 뱃살 없는 그미 옆에 얼씬도 안 한다. 글 잘 쓰는 수필가를 혼자 흠모하여 그 앞에서는 나이를 막론하고 읍한다.

이전에 살던 해운대 신시가지의 아파트에서였다. 지인이 먼저 입주해 있었다. 그녀는 백화점 로비에 작품이 내걸리는 제법 이름난 화가였다. 차 모임에 초대되었다. 한눈에도 일상이 편안하고 유유해 보이는 또래의 여자 네댓과 마주했다. 내 귀에, 전쟁터 같은 나의 일상과 그곳 묘한 분위기가 일으키는 불협화음이 들리는 듯도 했다. 그 느낌은 딱 맞았다. 그녀가 나를 소개하자 잠시 뜸을 들이는 우아함도 없이 네댓 중의 일인이 물었다. '어느 학교를 나왔어요?' 그때 나는, 내 대답을 들은 그 일인의 표정을 참고서처럼 밑줄 쳐서 읽어 버렸다. '별 볼일 없네.' 일을 이유로 더는 차 모임에 안 나갔지만 나는 안다. 그들 여자 네댓과는 향후 어떤 '별 볼일 없을' 것을. 여자 네댓 개뿔.

> 독특하게 아주 몸에 배어버려서 어떤 조건이나 경향을 가졌다는 것은 언짢지 않은 일이라고 생각한다. 이런 자연스런 경향에서 알지도 못하고 동의한 일도 없이 어느 성벽을 갖는 일.
>
> 〈자만심에 대하여〉 (몽테뉴의 수상록에서)

애당초 사람은 같은 종種이면서 서로 사랑하기가 힘든 모양이다. 오죽이면 신神께서도 '사랑하라 다시 말하노니 서로 사랑하라.' 입버릇처럼 당부하실까.

예전의 나는, 누구와이든 무슨 이유이든 관계의 불편함을 못 견뎌했다. 굴탁屈託하듯, 생청 부리듯, 또다시 엉킨 관계를 풀어가기에 남아 있는 나의 날은 간당간당 나 하나 버팅기며 살기도 빠듯하다. 깨진 그릇을 이어 붙인다는 것은 마저 박살내는 것보다 몇 배나 더 힘든 일이다. 다만

이대로 끝이라 해도 아무 아쉬움이 없는 것, 그것만이 쓸쓸하다. 돌이켜본다면, 사랑하고 미워하는 것도 다 그만한 이유가 있느니 기어이 원한다면야 낯섦도 멀찍함도 묵은 인연도 저대로 둬두기로 한다. 태무심의 경지라도 되어버린다면야 오죽 편할까마는. 나로 말할 것 같으면 헛말로도 누구에게 해코지할 위인이 못 되는 것은 신도 아실 터. 미워하지 않기를, 궂은 말 안 보태기를, 서운해하지도 말기를, 도무지 알 수 없는 신의 어느 때를 잠잠히 기다리기를.

그렇다. 나이가 묵직할수록 삶이 두툼해질수록 지탱할 관계의 무게중심은 도리어 군더더기 없이 간명해져야만 한다.

괜찮다. 애써 편안해진 나의 이성과 나의 의지와 나의 영성이 서로 타협했다. 포개져 있던 가슴을 널찍하니 벌려 깊숙한 들숨 뒤의 한 호흡으로, 그간 숙제처럼 던져진 관계를 위해 힘에 버겁게 조제해왔을 어설픈 위선들을 청정 창공에다 '홱' 내던졌다. 기분이 가붓하니 좋다. 글은 남짓하니 얄밉다.

이천 원

그러니까, 두 번째 일을 시작한 것은 순전히 돈 이천 원 때문이었다.

그때에 큰아이는 다섯 살이었고 남편은 교수가 되었으며 집을 장만했고 분가했다. 그리하여 나는, 잠시도 헐렁할 새 없이 팍팍한 일상을 뒤로하고 나에게만 주어질 특별한 안락을 꿈꾸었다. 한겨울 칼날 같은 한기와 맞닥뜨리던 새벽 출근을 더는 안 하고 싶었다. 하루라도 건너뛰는 아량 없이 날마다 대끼고 대꼈던 업무와도 그만 작별하고 싶었다. 더 늦기 전에 둘째 아이를 바랐고 그 아이에게 팔베

개를 하고는 해가 저물도록 늘어지게 낮잠을 자보고 싶었다. 큰아이 학교 가는 길을 내 얼굴로 배웅하고 내 품으로 마중하고 싶었다. 비 오는 날에는 꼭 우산을 가져다주고 싶었다. 먹고사는 일이야 매사 아껴서 여투다 보면 고봉밥은 비록 아니나, 내 가속들 주림 없이 저녁잠 편히 들만큼의 쓸모는 감당하리라 희망했다. 다 가져 올목갖은 인생이 그리 흔한가. 그리하여 잠시의 달막거림 없이 대학 졸업 후 그때껏 다녔던 직장에 사직서를 냈다.

돌이켜보건대 그로부터 둘째 아이가 태어나기까지 그 얼마간이야말로 내 삶에서 처음이자 마지막이 된, 아무 뒤척임 없이 온온한 날들이었다. 무엇보다 그가 그랬다. 시집 식구와 부대낄 때의 그가 아니었다. 한여름 더운 날에는 돗자리 위에 나를 누이고 덮은 삼베 홑이불 위로 부채질을 해 주곤 했다. 그 흐뭇한 날들은 이른둥이 출산으로 하여 짧게 끝나버렸다. 보육기에서 달포를 지낸 아이를 남편 월급의 대여섯 배가 되는 돈을 내고서야 집으로 데려왔다. 너무 작고 자주 아픈 아이였다. 병원을 드나드는 것이 거의 매일의 일과였다. 잠시 주춤했던 내 삶의 뒤척임

이 다시 요란해졌다.

그러던 한 날이었다. 손에 쥔 돈이 똑 떨어졌다. 병원비 이천 원이 없었다. 아이를 업은 채 통장을 들고 은행으로 갔다. 잔고가 만 원이 되지 않았다. 천 원 단위의 출금전표를 차마 쓰지 못하여 그날은 병원 가기를 포기했다. 바로 그 순간, 지극히 즉물적卽物的이었던 나의 사유는 '아! 돈을 벌어야겠구나.'뿐이었다.

혹자는 말하기를 가난이란 다만 불편한 것뿐이라 한다지만 다만 불편 그것뿐일까. 부의 시선으로는 절대로 투시 못 할 가난의 불편. 그 깊고 음침한 결핍의 민낯. 하마 영혼까지 잠식시킬 가난의 폐부. 어떤 철학도 종교도 평정할 수 없는 애초부터 첨예했던 언어. 나라도 구제할 수 없다는 말. 다문다문 어느 가난한 시인의 시구만이 그나마의 호사일는지. 우리나라 영화로는 처음 오스카상을 받은 〈기생충〉이 빈곤에 대한 공감을 일으킨 것도 다르지 않으리라. 남해의 다랭이마을 작가도 삶의 여러 지문 중 가난의 지문만은 지우고 싶다 했다.

어릴 적 한동네 살았던 친구는 동창회에서 만나자 유년

의 이야기를 꺼냈다. 그녀의 엄마가 우리 집에 돈을 빌리러 갔었다고, 돈을 빌리러 간 엄마와 엄마가 빌려 온 돈을 기다려서 학교에 갔었노라 한다. 그녀는 어떤 마음이 되어 새삼스럽게 그런 이야기를 꺼내는 걸까? 나이 든 나는 들으면서 적잖이 불편했다. 셰프 아들을 둔 그녀는 몇 군데 분점이 있는 고급 레스토랑을 운영하고 있단다. 참 다행이다.

전 세계에서 작가 수입 1위로 엘리자베스 여왕보다 부자가 되었다는 《해리 포터》의 저자 조앤 K. 롤링도, 한때는 어린 딸의 양말 살 돈이 없어서 딸의 발이 천천히 크기를 기도했다고 한다. 소피아 로렌이 무명의 가난한 소녀였을 때 다섯 가지 파스타를 먹을 수 있는 집에 시집가고 싶다는 말을 했다 한다. 그녀가 우리나라에 살았다면 파스타가 아니라 '쌀밥에 고깃국'이라 말하였으리라. 워낙 못살았던 우리나라가 선망한 부는 쌀밥에 고깃국이었다. 외국의 한 비교문학자는 동서고금을 통해 가장 가난한 사람이 흥부라고 적었다. '스물넷이나 된 자식들이 멍석 하나에 구멍을 스물네 개 뚫어서 콩나물 대강이처럼 목만 꿰어놓으니 한 놈이 측간을 가면 스물네 놈이 더불어 이동하여 들러리를 선다.' 세계의 문학을 통틀어 《흥부전》만큼 빈곤 묘사가 잘된 문학이 없다는 것이다. 나는 종일 서서 수업을 하느라 탱글탱글 종아리가 붓도록 일하고 번 돈으로 내 아이들에게 쌀밥에 고깃국을 먹이곤 했다.

세월은 흘러가고, 지난 수고를 보상하듯 간간이 글도 쓰며 연금으로 청복을 누릴까 사치를 부려보기가 딱 일 년이다. 손뼉을 치면서 반겼던 '무위의 자유'가 그새 눈에 났다. 우연히 친구를 만나면 커피 한잔을 부담 없이 사주며 살리라 했건만 그 다짐마저도 저만치 서서는 발끝으로 애매하게 땅바닥을 후비고 있다. 때마침 한 곳으로부터 강의를 부탁받고 내심은 반기면서 마지못한 척 겉멋을 부리며 승낙했다. 세 번째 일을 시작한다. 건강보험제도가 잘되어 있는 나라, 신용카드를 손안에 쥐고 사는 나라에서 병원비 걱정은 안 할 터, 괘념치 않고 수필집 한 권 낼 만한 돈을 벌까 한다.

미투 공감

미투(Me Too, 나도 당했다.) 선언이 세상을 헝클었다. 아니다. 헝클어졌던 세상을 푼다는 게 옳겠다. 부디 잘 풀어서 사람 사는 원래의 세상으로 돌아가기만을. 남자와 여자는 미투에 대한 모든 것, 분노까지도 지구의 대척점만큼이나 서로 다르다는 것쯤은 나도 잘 안다.

부끄럽지 않으냐! 옛 어른들의 호통이 길바닥에 널브러졌다. 참으로 겁 없는 사람들이다. 경악이 모자라 기함을 시킨 사람들 쯧쯧, 그 잘난 남자들. 검찰, 정치, 문화, 예술, 체육, 교육 기어코는 종교까지 분야마다 모모한 이름들, 미투에 지명된 그 잘난 남자들은 말했다. 말도 잘했다. 더러는 발뺌을 하고 더러는 손사래를 치고 면죄부라도 될 양인가 '합의된'을 들먹이고, 욕망을 참지 못했을 뿐 그게 잘못인 줄 몰랐다는 말도 했다. 그게 어디 손사래를 치고 말 일인가, 합의되었다 들먹여 면할 일인가, 욕망이 유독 그에게만 허락된 것인가. 애당초 의식 밖의 의식이니 기억에 없기도 하였겠다마는.

부끄럽고 노엽고 허망하다. 잘난 그를 두고 하마 언젠가는 젊고 잘생긴 대통령 볼 날을 기다렸던 게 부끄럽다. 잘난 그가 만든 영화에 박수를 쳤던 기억도, 잘난 그들의 연기에 넋을 놓았던 날들도 다 노엽다. 잘난 그가 노벨상 받기를 꿈꿨던 바람이 허망하다. 잘난 그가 내 사는 도시의 시장이었던 것도 부끄럽다.

그 잘난 남자들에게 '사람에 대한 존중과 예의가 결여된 무례와 오만'이라는 죄목을 붙인다. 아무렴 나의 명 판결이다. 몸과 영혼에 숙변처럼 들러붙은 불치의 그 습벽, 관음증 환자처럼 기회를 엿보던 욕망, 대강 휘갑치기만 해두었던 무례와 오만. 오랜 날들 누구도 차마 말하지 못했던 그 모든 죄목이 용기 있는 '그녀들'의 미투 외침으로 만천하에 까발려진 것이다. 까발린 것들은 누추했다. 누추한 그들에게 사람을 위한 일들을 다시 맡길까 두렵다. 어느 곳엔들 사람 사는 세상에서 사람에 대한 예의와 존중의 충일함 없이 될 일이든가. 그 고상한 일을 지금껏 겁 없이 감히.

마흔 즈음의 나이였을까? 처음으로 시골학교 동창모임에 갔던 날이다. 삼십 년을 넘어서 보는 얼굴들은 너나없이 흐릿했다. 점차로 불이 밝아지는 듯 하나둘씩 아는 얼굴과 이름이 드러났다. 그 동창이 나를 반겼다. 나도 그를 쉬이 알아보았다. 그러나 서로 서름한 얼굴이다. 어떤 상황이었는지 그가 내 등에다 턱 손을 댔다. 움찔, 반사적으로 몇 걸음을 옮겼다. 그 순간 검측스러운 목소리 하나가 그만 농담의 경계를 벗어나 버렸다.

"너는 등에도 성감대가 있나."

딱 그 말만, 딱 그 말만 아니었어도 괜찮을 뻔도 했다.

동창모임은 낯설었던 얼굴들을 옛날처럼 익숙하게 만들었다. 띄엄띄엄 보았음에도 얼른얼른 친근해져 버리는 얼굴들, 함께했던 추억도 옛 시골학교의 뒷동산처럼 은은했다. 그럼에도 처음 보는 동창에게 성감대라는 은밀한 말을 주저 없이 꺼내는 그를 볼 때는, 손바닥이 척 닿는 듯 괜하게 등이 옴찍거리고 귓속이 앵앵거려 나도 모르게 이가 앙다물어졌다. 아, 이런 거구나. 이런 게 미투 공감이구나. 이게 이럴진대 이름을 내걸고 미투를 외쳐야만 했던 그녀들을 더 말해서 무엇하리.

후에 성격은 달랐으나 궁극은 존중과 예의가 결여된 무례와 오만이 만든 또 한 사건을 목도했다. 사건에 침묵하는 동창들이 도로 낯설어졌다. 동창모임에 발을 끊었다. 소심한 미투 선언이었다. 내 성장기의 한 페이지를 기약 없이 접었다. 은은한 추억 한 근이 엮은 줄에서 빠져나갔다.

문득 드는 의문이다. 사람이 혼자 있는 것이 좋지 아니하여 남자와 여자를 만들고 보시기에 좋았을 신神께서는 이런 일이 있을 줄을 아셨을까! 이런 만연蔓延함을 두고는 장차 어찌하실까?

먼저 N번방 조사 엄벌의 청와대 국민 청원에 클릭 꾹.

속천항에서

어망결에 새해를 맞았다. 무술년에서 기해년으로 황금개띠 해가 황금돼지띠 해로 바뀌었단다. 정유년을 배웅한 아쉬움도 여적인데 무슨 기별도 없이 이리 바삐 오는지. 그저께였나, 문밖 길 건너 불빛이 하도 요사스러워 또 한 해가 저물거니 마음 한편이 휘영하다 싶더니만.

해가 바뀌었으니 그새 작년이 되어버린 어제나 금년이 된 오늘이 여상하다. 목이 늘어난 티셔츠에다 카디건을 걸치고, 양키 캔들에 불을 붙이고, 포트에 물을 끓이고, 커피 그라인드에 원두를 갈고, 찬장 서랍을 열어 아몬드 사탕을 꺼낼까 말까를 망설인다. 이런 일상의 반복이 나만 그러한가. 요양병원에서 일하는 지인은 말하기를, 어제와 조금도 다를 바 없는 근무를 하면서 연도의 숫자 하나 고쳐 적었을 뿐이란다.

아파트 입주민들만 출입하는 목욕탕도 새해라고 별반 다를 게 없다. 그곳에서는 하루의 시간별로 만나는 얼굴들이 정해진다. 이른 아침에는 주로 직장인으로 여겨지는 젊은이들이다. 운동하고 와서는 부지런히 더운 몸을 씻어 식혀 나간다. 새벽잠을 깬 나이 지긋한 이들은 더운 탕 속에서 식은 몸을 데우고 있다. 여자들, 떠나보낸 연수의 극명함을 그곳에서 본다. 오전에는 댄스며 수영이며 골프 연습을 하는 여인들로 북적인다. 그네들은 좀이 아니라 꽤나 시끄럽다. 저녁에는 하루 일과를 마친 어른과 아이들로 꽉 차 줄을 서야 할 판이다. 나는 볼일이 있는 날을 빼고는 대개 한낮을 이용한다. 그중 한산한 시간대이다. 무엇보다 나처럼, 어쩌다 몸끼리 좀 부딪혀도 아무렇지 않을 두루뭉술한 몸매들이 있어 편안하다.

그녀도 이 시간에 오는 모양이다. 처음 만났을 때 나는 솔직히 그녀의 몸을 흘낏거렸다. 나 혼자만의 무례였는지는. 적어도 그녀는 그런 시선쯤에 대하여는 초연해 보였다. 오늘은 대놓고 그녀를 보고 있다. 오십이나 되었을까? 오십, 가만있어도 아리던 나이였지. 도려낸 쪽보다 남아 있는 젖가슴에 눈이 간다. 비어 있는 옆자리에 애련해하지 않고 저 혼자 우뚝 꼿꼿하여 짠하다. 나는, 포물선이 느슨해져 버린 내 두 개의 젖가슴에 오래 비누칠을 했다.

백년어서원의 김 시인이 원고료 대신 부쳐온 도서상품권을 들고 집 앞 교보문고에 가기로 한다. 그녀는 내 원고를 받고는 고맙다며 두 번이나 메일을 보내주었다. 나야말로 원고 청탁이 오히려 고마울 무명작가이건만. 겉옷을 입고는 목에 두를 것을 고르다가 아! 눈에 띈 머플러 하나에 동작 그만이 되어 버린다. '익은 복숭아색'의 실크 머플러, M이 준 선물이다. 그런 색이 있다는 걸 그때 처음 알았다. 내가 그 색을 좋아하는지도 몰랐다. 내게 어울리는 색깔을 나보다 먼저 알아준 M이었다. 미술대학을 졸업한 그녀의 첫 직장이 내 학원이다. 칠 년 동안 얼마나 일을 잘해 주었는지. '원장님한테서 배웠잖아요.' 듣고 나서도 한참이나 먹먹했던 그녀의 대답이 새삼 아리다. 그러던 우리는 끝내 서로 미워하고 서로 아파하면서 헤어졌다. M을 떠올리자 다시는 누구와 고용과 피고용의 자리에 있지 않을 것임을, 무단히 가슴을 쓸어내린다. 새해마다 손글씨의 연하장을 보내는 M은 꼼꼼히 적은 그해의 학사계획서를, 시무식에 쓸 케이크와 함께 내 책상 위에 두고는 하였다.

그러고 보니 일을 접은 후에 어떤 계획서도 없이 새해를 맞은 지가 벌써 이태다. 사람이 대번에 이토록 무계획적일 수도 있다니. 불각시리 속천항이 떠올랐다. 누구의 안부였는지, 카톡으로 보내온 낯선 지명 낯선 항에서의 해맞이를. 벌떡 자리에서 일어났다. 거기가 어디쯤인가. 속천항에 갈 느닷없는 꿈으로 심박동이 빨라졌다.

이윽고 속천항이다. 일출은 비록 지났으나 남은 햇살이 고요하고 잔잔한 바다를 물들인다. 초등학생이 미술시간에 크레용으로 그린 것 같은 낮고 편안한 산등선이 빙 둘러 있다. 그것은 여느 준초한 산보다 그곳의 바다와 잘 어울린다. 점점이 떠 있는 섬들과 바닷가의 조금 남아 있는 옛날 민가들이 아련하다. 길고 준엄한 담장 안의 해군교육

사령부만 아니라면 표박하는 나그네의 하룻밤 묵기에 그만할 곳이다. 주변 사람들에게는 이미 익숙한 풍경이 되었을 아파트 집채들이 내 눈에는 못내 거슬린다. 물어물어 찾아간 장터 국밥집에서, 때마침 장날이라 단손으로 바쁜 주인 대신 구식 전기밥솥 뚜껑을 열어 고슬고슬한 잡곡밥을 퍼다 날랐다. 두고두고 우리들의 식탁 이야기table talk가 될 새해맞이다.

어망결에 불려 나온 석, 경, 숙, 옥, 자. 소싯적 주근깨 그대로의 이름들, 오래 서로 길들어 매끈해진 얼굴들, 이제는 애틋함으로 무지근해진 그대들과 함께 진해 속천항에서 두어 날 보내버린 황금돼지띠의 한 해를 시무한다. 지병인 이기利己를 이타利他로 치유한다는 목록 하나 거기 또 있다.

사랑을 했다

설을 두어 날 앞두고 J가 집 가까이로 왔다. 들고 온 떡국 가래 뭉텅이와 참기름 병을 내 손에다 쥐어주는 품이 한참 손위의 동기인 양하다. 학원을 접은 지가 벌써 이태째인데, 이 느꺼운 감정을 어떻게 감당해야 할는지.

둘은, 카페 구석자리의 작은 테이블을 사이에 두고 그간의 안부를 주고받느라 얼굴을 맞대듯 했다. 어뜩 울먹임을 참아내는 그녀의 목소리가 떨렸다. 그새 친정엄마가 돌아가셨구나. 그럼 저 떡국 가래와 참기름은 누가 보내주었는지. 두서없는 질문과 궁금증들이 뒤섞여 그 저녁 어스름을 메웠다. 정년퇴직을 앞두고 올 한 해 안식년을 갖는단다. 엄혹하달 만한 대학병원에서 간호사로 정년을 맞는 그녀는 신호등이 바뀐 건널목을 건너서 어두워진 골목길로 접어들며 사라졌다.

J를 보내고 나서 한참 동안 나는, 그녀의 친정엄마에 대한 심경 한마디에 머물렀다. 한 생각으로 골똘해지고 한 사유로 촘촘해졌다.

"아버지 산소 옆에 나란히 누운 엄마를 보니 마음이 편안해졌어요. 조금도 슬프지 않았어요. 그동안 엄마가 외로워 보였거든요."

물론 해를 넘기고 다시 찾은 산소 앞에서 엄마의 부재가 서러워 목을 놓아 울었다고는 하였으나, 그녀의 그 말은 어느 누구도 함부로 곡절치 못할 명징한 사랑의 실체로 들렸다. 오로지 엄마만을 염두에 둔. 이기利己라는 불순물이 정제된.

순전히 그녀의 심경 한마디로 인하여 뜬금없게도 한 아이돌 그룹의 노래 〈사랑을 했다〉를 떠올렸다. 유치원생들까지 따라 불렀다는 그 노랫말을 혼자 찬찬히 음미했다.

그럴수록 노랫말은 감히 주장컨대 사랑을 읊은 여느 고전에 못지않음을.

> 사랑을 했다. 우리가 만나
> 지우지 못할 추억이 됐다

그래, 사랑의 기억은 아무리 아무리 해도 못 지울 추억이다. 심연에 잠긴 자아의 한 부분이 되어 좀체 그 형상을 드러내지는 않더라도 구름에 가린 흐릿한 달빛처럼, 재 너머 동네에 놀다 두고 온 소꿉처럼, 그만 도랑물에 떠내려간 신발 한 짝처럼 지워지지 않을 은은한 실체이다. 꼭이 지워야 할 추억이라면 그건 이미 사랑이 아니었던 게지.

> 갈비뼈 사이사이가 찌릿찌릿한 느낌
> 나 사랑받고 있음을 알게 해주는 눈빛

진정, 사랑에 대하여 애매하거나 모호하지 않을 언어이다. 사랑하는 그 찌릿찌릿한 느낌 때문에 세상 잇속을 생각하지 않을 용기. 사랑 받음을 알게 해주는 그 눈빛 때문에 내일의 나를 더 낫게 여길 예감. 애초에 그 갈비뼈 하나는 떼어 나눈 것이며 맨 처음 사랑의 언어는 눈빛으로부터 시작되었을 터이니.

나 살아가면서 가끔씩 떠오를 기억
그 안에 네가 있다면 그거면 충분해

그거면 충분해, 노래하는 순간 이미 사랑의 극치에 다다랐다. 그렇지 못한 사랑은 한낱 이기다. 그 사랑은 무효다. 한낱 이기인 사랑은 기어이 후탈을 만든다. 그 사랑은 삭제다. 오래전의 일이다. 여름이 가팔랐던 한 날에 짠하게 땀이 밴 입성의 중년여인이 나를 찾았다. 내 학생의 남자친구의 어머니였다. 중년여인의 휴가군인 아들이 고무신 거꾸로 신은 내 학생을 때렸고, 맞은 내 학생이 남자친구인 휴가군인을 고소하여, 중년여인은 나에게 내 학생이 고소를 취하하도록 설득해 달라는 것이었다. 그때 나는 속으로 몹시 화가 났던 것 같고 내 학생의 말에는 섬짓했던 것 같다. '남의 일에 끼어들지 마세요.'

네가 벌써 그립지만 그리워하지 않으려 해
한 편의 영화 따스했던 봄으로 너를 기억할게

사랑이 끝난 후에는 어쩌면 흐느적거릴 순간들을 재우고 추슬러 편편하고 톡톡하게 일상을 이어가야 하지. 그것은 그 사랑에 대한 예의이지. 한 편의 영화 따스했던 봄이면 그 기억조차도 아릿한 걸. 대문이 저만치 보이는 골목길에서 선뜻 안으로 들어서지 못하고 한번쯤은 서성여보거나, 어느 날 강가에서 잔잔한 물비늘의 이동을 한참 동안 바라보거나, 꽃무늬 찻잔에 반쯤 남은 커피를 가만 들여다보거나 그렇게 아무한테 들키지 않고 회억하는 것. 고요한 나를 발견하는 것.

지나온 시간들을 지금에 얹는다. 멍울진 한 순간순간을 발굴하듯 더듬어 헤집는다. 오롯이 드러난 이름들. 그들에게 사랑한다는 말을 선뜻 입 밖으로 낸 적도, 사랑한다는 그들의 말을 순하게 여겨들은 적도 없었다. 깊이 묻어둔 상처가 고개를 쳐들까 누르고 어르느라, 목젖에서 찰랑거리는 슬픔 한 모금씩을 울컥 몰래 삼켜버리느라, 허겁지

겁 꾸려가는 누추한 삶을 들킬까 매양 겉여문 척하느라, 이기를 겉옷처럼 걸치고 사느라, 사랑하고 사랑받는 일에 똑같이 인색했다.

그리하여 이미 늦었더라도, 설사 더는 못 만난다 하더라도, J 그리고 그대들에게 아꼈던 그 말을 완료형으로 쓴다. '사랑을 했다.'

고지골 시인에게

보내준 첫 시집은 잘 받았습니다. 누구는 오래전에 떠나온 고향. 무정하게 버려둔 고향. 그럼에도 다시 돌아가고 싶어 기웃거리는 고향. 아무것도 탓하지 않고 아무것도 바라지 않아 매양 다 줄 듯 넉넉하여 돌아다보면 무단히 울먹한 고향. 그곳을 지키며 디뎌 밟은 모든 것을 시로 읊다니요. 순간, 시인과 동향인 것에 가슴이 두근거렸습니다. 꺼멍고무신. 시인의 이름이며 시집의 제목이기도 한 그 말이 어쩜 그리 시인을 똑 닮았습니까? 냉이무침을 먹다가 어렴풋이 울 엄마 생각을 하고 쓴 시가 그리 말해주는군요.

닳고 남은 손톱 밑
꺼먼 흙 때
마디마디 갈라져 엉그름 간
거북등 손으로
물 때 낀 박 바가지에
거무튀튀한 막된장으로
두서너 번 주물럭거려 무쳐주던
그 냉이무침

— 최수종 〈11월의 냉이무침〉 부분

그대는. 사철 신열이 잦은 산골을 어르고, 삭정이까지 떨궈낸 숲의 수척함을 달래가며, 시린 겨울에 먹이를 찾는 숨탄것들을 돌보다가도 언뜻언뜻 고향을 버린 나 같은 사람에게 소오산의 일출을 전해주고, 꺼멍고무신에 밟힌 들풀을 찍어 보내고, 급한 닭 한 마리가 그만 마른 풀섶에 낳아버린 계란을 보여주고, 어느 날에는 맑은 하늘의 새털구름을 덜어 보내던 그대는.

아무도 모르도록 고지골 골짝 나름의 터수에다가 아늑

한 시의 밭을 갈고 있었군요. 이랑은 두둑해지고 고랑 또한 깊어져 그새 시 한 다발을 거두다니요. 소오산 기슭의 고지골은 태곳적부터 간직한 내밀한 역사가 있죠. 그 골짜기에서 생의 거반을 더 살아온 꺼멍고무신 그대는, 이제 고지골 역사의 한 페이지가 되어버렸습니다.

고지골 시인이여. 만상이 무릇 그러하듯 문학도 바쁘다 핑계하여 느슨하게 놓아두면 눅어버리는 것. 오랜 세월을 두고 탈바꿈해 온 고지골의 천이遷移처럼 면려하여 좋은 시를 쓰기 바랍니다.

꺼멍고무신이 딛는 자국마다 이른 봄의 튼싹처럼 시어가 돋아나기를. 고지골의 나무가, 물, 하늘, 소나기, 우박, 고드름, 새들이 모두 시로 다시 태어나기를. 해 저물녘의 밥 짓는 연기도, 사랑방 아궁이에 지피는 군불의 냇내도, 추수 끝낸 이웃 동네의 긴긴밤 이야기까지 다 시로 엮어내기를. 세월이 흘러 먼 훗날에 누구인들 고지골 역사를 더듬는다면 거기 '로버트 프로스트'와 버금가는 자연주의 시인 '꺼멍고무신' 이름이 발견되기를.

올 겨울에도 고지골에는 축복처럼 눈이 내리겠지요.

※ 고지골은 경남 하동군 금오산 자락에 있다.

阿Q와 첫눈과 나

《阿Q아큐 정전》을 읽다가 첫눈이 내린다는 전갈을 받고 커튼을 걷었다. 뿌연 하늘에 눈발이 흩날린다. 흐린 허공에서 제멋에 겨워 춤을 춘다. 아무렴 첫눈이다. 이 도시에 오래 살면서 저런 풍경을 본 적이 얼마만인가. 짐작건대 올해 끝 눈이 될지도 모를 눈발의 춤사위를 따라 내 마음도 일렁인다. 오늘은 꼭 하고 싶었던 오래된 이야기를 꺼내려 한다. 阿Q를 만나고 첫눈이 내리는 드문 날이다.

편안하다 편안하다, 긴 최면에서 깨던 날에 阿Q가 되어 있는 나를 만났다. 참 얄궂은 현상이 일었다. 분노는 놀랄

만큼이나 잠깐이었다. 분노의 근원을 보았기 때문이다. 배후에 도사린 부당함을 알았기 때문이다. 내 싸늘해진 온기를 감지했기 때문이다. 분노가 사라진 자리에 찐득한 미움이 밀물처럼 쏴, 하고 차왔다. 오래지 않아서 든 물처럼 망망했던 미움도 물때를 따라 빠져나갔다. 허무만이 오래 남아 그 표독한 헤살을 부릴 뿐. 실로 유사가 없는 허무는 늦은 깨달음처럼 완벽했다. 어떤 배려도 없이 정직했다. 움푹하게 골을 팠다. 나는 온기 다 식은 뒷모습을 보이며 다시 열지 않을 방문을 닫고, 가없을 허무를 심저 더 밑에다 사기史記처럼 기록했다.

우리 모두는 각각의 주어진 환경 속에서 살아간다. 그 환경에 따라 주어진 삶도 달라질 것. 결혼은 어쩌면 더 절실한 환경이다. 둘에게 맡겨진 삼십여 년의 세월은 어떠하였는지. 비록 쾌적하지는 않더라도 피차 교호할 엔간한 환경은 되어주었는지. 그러했노라고, 똑 부러지고 야무진 답이 끝내 머뭇거려졌다. 선가에서는 '시절인연'이라고도 하건만, 눈 부셨던 결혼서약서는 빛 사위고 색 바래어 시간의 집적을 값으로 매긴 지불불가의 계산서로 변해있다.

오래 창밖을 본다. 무정한 겨울 왜바람을 따라 이리저리 눈발이 흩날린다. 신해혁명 그 격변의 시절을 따라 분간 모르고 휘둘렸던 阿Q처럼, 정한 길 없이 흩날리는 눈발을 따라 내 미움도 허무도 휘청거린다. 미움의 본체는 무엇인가. 그 끝은 어디인가. 얼마나 구차한가. 좀 누추한가. 따지고 보면 누구를 향하여 미움을 품을 하등의 권리가 내겐 없다. 날 때부터 그러했다. 노래 가사처럼 너나없이 사랑받기 위해 태어난 까닭이다. 기어이는 다 늙고 병들어 죽어 갈 것을. 내 눈가의 주름이 너의 눈가 주름이며, 미처 감추지 못해 비집고 나온 너의 흰머리는 염색하기 전 어제 나의 흰머리인 것을. 내가 자유하기를 갈망하는 사유의 전부가 응당 너에게도 허락된 것이며, 박제가 되어있는 내 허무의 얼마만큼도 너의 것일 테니. 날깃날깃 홑겹이 되어버린 마음을 도닥거린다.

더 오래 창밖을 본다. 세차게 휘몰아치던 눈발이 이제 그만 지친 듯 낙하하더니 저 아래 동천의 드러난 바닥에 발 디딜 곳을 찾아 몸을 웅크렸다. 이윽고 조용해진 눈발을 보며 나도 그만 나의 소요를 가라앉힌다. 가만가만 가

만히. 질이 잘 나있는 나의 터에다 마무리가 제법 남은 나의 생을 누여야 하리. 오래 지녀 묵고 익은 것들을 집어 손봐두어야 하리. 공空으로 산화된 그 많은 언어에 속죄라도 하듯 묵묵해야 하리. 산다는 것의 코어core가 덤덤함이라는 것을 마저 익혀야 하리. '그대들의 공존에는 거리를 두라. 천공의 바람이 그대들 사이에서 춤추도록' 칼릴 지브란이 진작 해 주었던 말을 다시 매매 새겨야 하리.

광목 등거리에다 알 수 없는 검은 글씨를 새긴 채 죽어간 阿Q처럼, 저기 드러난 동천 찬 바닥에서 녹아 소멸된 눈발처럼, 한밤에 불 꺼진 방 캄캄한 어둠과도 흡사했을 내 허무가 처형되기를. 남은 생은 갈 곳 몰라 흩날리는 저 눈발 같지가 않기를. 阿Q가 아니기를. 부디 그러하기를. 사랑받기에 마땅한 나의 생을 꾹 끌어안는다.

> 그리고 당신, 당신을 인간으로서의 의무를 다하지 않았다는 이유로 고발합니다. 사랑을 스쳐 지나가게 한 죄, 행복해야 할 의무를 소홀히 한 죄, 핑계와 체념으로 살아온 죄로 당신을 고발합니다. 당신에게는 사형을 선고해야 마땅하지만 고독형을 선고

합니다.

— 프랑스와즈 사강 〈브람스를 좋아하세요〉에서

《阿Q정전》을 읽는데 첫눈이 내리고, 나는 세상의 모든 '당신'에게 안부를 묻는다. 어쩌면 우리는 모두 누군가의 당신이다.

"그래, 팔은 안으로 굽지."

그녀는 말했다. 팔은 안으로 굽지. 그 말을 온전히 이해하기 위해 오래전 해부학 시간에 배웠던 지식까지 동원했다. '인간의 움직임은 기본적으로 굴곡Flexion과 신전Extension이다.' 두 팔을 벌려 안으로 또 밖으로 움직였다. 안으로의 굴곡은 쉽고 신전 후 밖으로의 굴곡은 불가능했다. 실험에도 불구하고 그녀의 말은 자주 서운했다.

작은오빠를 요양병원에 보내야 한다고 먼저 말을 꺼내었는데. 두 팔이 묶이어 글을 쓸 수도 없었던 오빠를 두고 그녀의 편을 들었는데. 한 뿌리에서 자란 가지 하나를 먼저 보내고 남은 동기들은 상실의 아픔을 속으로만 삭이고 있는데. 막내인 나는, 작은오빠한테 받은 것들이 이삿짐보다 많음에도, 일류대학교에 못 갔다고, 서울대학교 나온 남자를 마다한다고, 고함을 지르며 나무라던 그때 그 광경이 바보 분장의 검정색 점으로 변하여 쉬이 지워지지가 않았다. 지금에야 그게 아프다.

속 너른 그니들이었다. 나를 숨겹게 하는 제 오라버니를 푸념해도 순하게 들어주던 그니들에게 홀렸다. 더러더러 더운 속을 풀었다. 그게 다인 줄 알았다. 어떤 궂은날, 켯속 모르는 그니들이 그간 모아 둔 언어를 일시에 비웠다. 궁근 기억 속에서 한참 동안을 혼자 비칠거렸다. 작은올케 언니의 입버릇 같은 말이 지푸라기가 되었다. 끝내 팔 안쪽은 아니었던 게지. 비로소 몸도 마음도 영혼까지도 찹찹해졌다.

"그래, 팔은 안으로 굽지."

: 글쓰기는 나만의 속도로 하고 싶은 말을 하는 안전한 수단이고 욕하지 않고 탓하지 않고 한 사람을 이해하는 괜찮은 방법이다. - 은유 <쓰기의 말들>에서

작가수첩, 수필에 자맥질하다

– 우리말에 매혹되다

초등학생 때이다. 막내오빠의 시에서 '자맥질하다'를 처음 알고 그 말에 매혹되었다. 그때부터는 엄마가 보통으로 쓰는 '입 다시다'라는 말도 예사로 들리지 않았다. 벅수, 불각시리, 시나브로, 여들없다, 아침찮다, 이물없다, 굴풋하다, 손아프다 등이 다 그때 듣던 고향 말이다. 설창수 시인이 쓴 여학교 교가의 '애오라지'까지 더하여서 내 언어의 정서가 되었다. 고향을 떠나와 살면서 그런 말들을 들을 일이 없으니 마저 잊을 번도 하였으나, 수필을 쓰면서 애틋한 그 배냇말을 불러내어 글의 아랫목에 앉히곤 했다. 작가만이 누리는 특별함이다.

꼭이 작가로서의 낌새를 말하라면 그것은 고향집 광에서의 책 읽기였다. 내 고향집 광은 꽤 넓었다. 오래된 물건이나 저장 곡식을 두는 곳, 잔치 때는 근사한 과방으로도 변신하는 곳, 여름에는 서늘하고 겨울에도 한기를 참을 만했다. 거기 한쪽 벽을 질러 만든 나무 선반에 책들이 가득 꽂혀 있었다. 도시에서 공부하던 오빠들이 갖다 둔 것이다. 광 한가운데다 조카들이 이발할 때 쓰는 나무의자를 놓고 그 위에 쪼그리고 앉아 퀴퀴한 곰팡내를 맡아가며 책을 읽었다. 이제 생각하니 오영수의 〈갯마을〉을, 이범선의 〈오발탄〉을, 손창섭의 〈잉여인간〉을, 황순원의 〈나무들 비탈에 서다〉를 그냥 막 읽었다. 빨간색 표지의 크고 딱딱하고 무거웠던 네 권의 셰익스피어 전집을 뭣 모른 채 다 읽었다.

나는 바로 위의 언니와 다섯 살이나 차이나는 막내이다. 너른 집안이라 일가친척이 많았지만 혼자였다. 그렇게 느끼며 자랐다. 함께 살며 성장한 조카들과도 못 섞였다. 어른이 되어서도 '소속을 분명히 하라.'는 조카들의 농담을 들을 만큼 양 세대 간에 어정쩡하게 끼여 있는 섬 같았다. 그 무렵에는 아이들이 다 집안일을 했다. 좀 큰애들은 농사일에도 따라다녔다. 함께 놀 또래가 없던 나에게 글 읽기는 지극히 자연스러운 혼자놀이였는지 모른다. 고전 읽기를 하면서 학교 도서관을 마음대로 드나들었다. 외국 동화를 읽고 시를 알았다. 어느 겨울 해거름에 막내오빠는 텃밭에서 병아리들이 흙 파는 것을 보면서 시 쓰는 법을 가르쳐 주었다. 당시에 큰오빠가 장조카를 위해 신청했을 게 분명한 소년조선일보가 내 차지였다. 독자 투고란에 시를 써서 보낸 적도 있는데 그 시가 실렸는지는 기억이 없다. 중학교 때는 진주 개천예술제에서 시를 쓰고 상을 받았다. 여기까지 미루어 본다면 지금쯤 나는 유명 작가가 되어 있어야만 하는데 그렇지 못해서 심히 멋쩍다.

– 슬픔의 힘

지리산 버들치 시인의 글이다.

'내가 왜 시를 못 쓰는 줄 아니? 내 시의 바탕은 슬픔인데 여기 지리산에 온 후로 그게 자꾸 없어져. 그래서 시가 안 되는 거야. 사람들은 말하지. 그럼 기쁜 이야기를 써라. 행복하다고 말이야. 그런데 기쁘고 행복한데 어떤 놈이 시를 쓰겠냐고.'

배곯아 본 적도 없이 비절함이야 있을까마는 나는 자주 슬펐다. 그러니 수필을 써도 된다. 나이만 들었지 물정 모른 채 결혼을 했다. 생으로 철이 드느라 지독한 성장통을 앓았다. 낯설었고 궁핍했고 서러웠고 허무했고 그래서 슬펐다. 영악하지 못해서 각단지지 못해서 순수하지 못해서 엽렵하지 못해서 천지에 못하는 것뿐이라서 그래서 또 슬펐다. 그럼에도 안 슬픈 척, 매사 겉여문 척 살아내느라 목울대가 뻐근했다.

그 해에 여학교 동문의 전화를 받았다. 그때는 수필가인 그녀의 명성을 몰랐다. 모교에서 지낸 박경리 선생의 노제에 많은 동문 문인들이 참석한 것을 본 당시의 교장선생님이 동문 문집을 만들어주겠노라 하였단다. 전국에 문인으로 활동하는 동문들을 찾는 중 누군가가 내 연락처를 주었다는 것이다. 적이 당혹스러워하는 나에게 '졸업한 지가 오래인데 아직도 글 쓰던 친구라고 기억해 주는 동창이 있으니 이제부터라도 부담을 가지고 글을 써 보라'며 그녀의 수필집 〈어머니 손엔 등불이〉을 보내왔다. 그리고 나는 유병근 선생님의 문하에 들어갔다.

수필이 이리 아득할 줄을 몰랐다. 글이 이토록 쉬이 안 여무는지를 몰랐다. 사유의 곳간은 아직 빈 그대로인데 날은 저물고 해는 이울어만 갔다. 어찌 써야 하나. 때로는 그마저도 슬픔이 된다. 그 슬픔 때문에 글 쓸 힘을 얻는다. 슬픔을 다해 컴퓨터 자판을 두드린다. 슬픔이 밀고 끄는 힘으로 글을 쓴다.

– 나만의 '시간을 경험하는 특별한 방법'

수필 공부를 하면서 읽은 미국 작가 도러시아 브랜디 《작가 수업》의 내용 중에 '한 책 작가'와 '가물에 콩 나듯 쓰는 작가'가 있다. 자신의 배경에 대해서 한 번 쓰고 난 뒤에는 단 한 문장도 떠오르지 않아 긴 침묵의 시간을 보내는 작가를 가리킨다. 이왕에 수필작가의 명찰을 달았다. 다행히 한 책 작가는 벗어났다. 세상이 작가 홍수 사태라며 눈을 내리깔아도 좋다. 나는 작가 명찰을 가리거나 떼지 않을 것이다. 글쓰기의 매혹을, 글쓰기의 외로움을, 글쓰기의 위안을 그만두지 않을 것이다. 기억도 문장도 자주 블랙아웃이 되어 깜깜할 때가 있지만 뚫고 헤쳐 줄 문리文理를 부지런히 톺아볼 것이다. 토씨 하나를 바꾸면서 자다 깨다 할 것이고, 낱말 하나를 고르기 위해 며칠을 골똘할 것이고, 문장 하나를 위해 기꺼이 온 날을 보낼 것이다. 지난 날 글쓰기 좋았을 그 많은 날들을 글을 쓴다는 생각조차 못한 채 흘려보냈다. 어찌 그리 무심할 수 있었을까. 나에게도 글쓰기는 나 혼자만의 시간을 경험하는 아주 특별한 방법이다.

> 자신에게 진실하지 않은 자는 다른 사람에게도 진실할 수 없다. —버지니아 울프

수필은 나에게 진실한 글이다. 누구에게도 양도할 수 없는 나의 실존, 나의 본질, 또한 나의 애물. 나는 수필에 자맥질한다.

에필로그

나에게는 값을 매길 수 없는 수채화 한 점이 있다. 햇살이 좋았던 유년의 한날, 엄마 무릎을 베고 누워서 '손도 어찌 이리 예쁠꼬.' 혼잣말하는 엄마에게 한 손을 맡긴 채, 지붕 처마를 이어 끝도 없이 너른 하늘을 보고 있는 그림. 엄마는 그 그림의 끝에다가 낙관처럼 한숨을 찍었다. '소리라도 할 줄 알면 ….' 그 한숨소리가 괜하게 슬펐던 것은 나의 숨은 그림이다.

엄마가 소리로라도 삭이고 싶었던 한숨을, 막내딸인 나는 글로 삭인다. 한 땀 한 땀 글로 엮은 꾸러미가 나의 수필이다. 수필쯤이야, 그런 말을 듣는다고 괘념할 건 없다. 한숨이 간절하지 않는 사람들이야 뭐.

세 번째 수필집을 내면서 이생과의 몌별을 앞둔 형님을 생각했다. '올케는 글을 써서 좋겠다' 말하던 형님의 장강 같은 한숨을 미루어 짐작했다. 내 엄마와는 달리 늘 노래를 불렀지만 다 못 삭인 한숨으로 자주 쓸쓸해했는데. 기적처럼, 몹쓸 병을 와짝 떨치고 일어나 단숨에 내 수필집을 읽어주면 좋겠다.
늘 그러하였듯.

몌별

황선유 수필집 세 번째

인　쇄 2020년 5월 22일
발　행 2020년 5월 28일

지은이 황선유
발행인 서정환
펴낸곳 수필과비평사
주　소 서울시 종로구 삼일대로 32길 36(익선동 30-6 운현신화타워 빌딩) 305호
전　화 (063) 275-4000, 252-5633
팩　스 (063) 274-3131
이메일 sina321@hanmail.net
출판등록 제300-2013-133호
인쇄 · 제본 신아출판사

저자와 협의, 인지는 생략합니다.
잘못된 책은 바꿔 드립니다.

ISBN 979-11-5933-265-4 (03810)

값 12,500원

이 도서의 국립중앙도서관 출판예정도서목록(CIP)은 서지정보유통지원시스템 홈페이지 (http://seoji.nl.go.kr)와 국가자료종합목록구축시스템(http://kolis-net.nl.go.kr)에서 이용하실 수 있습니다. (CIP제어번호: 2020020538)

※ 이 책은 2020년 부산광역시, 부산문화재단 지역문화예술 특성화지원사업의 지원을 받았습니다.